MANUAL DE HOMILÉTICA HISPANA

Teoría y práctica desde la diáspora

MANUAL DE HOMILÉTICA HISPANA

HISPANA

Teoría y práctica desde la diáspora

editorial clie

PABLO A. JIMÉNEZ
Y
JUSTO L. GONZÁLEZ

EDITORIAL CLIE
Ferrocarril, 8
08232 VILADECAVALLS (Barcelona) ESPAÑA
E-mail: libros@clie.es
Internet: http:// www.clie.es

MANUAL DE HOMILÉTICA HISPANA
Teoría y práctica desde la diáspora

© 2006 por los autores Pablo A. Jiménez y Justo L. González
© 2006 por Editorial CLIE para la edición en español

Publicado con la colaboración de la
DIVISIÓN DE INVESTIGACIÓN DE LA FUNDACIÓN UNIVERSITARIA
SEMINARIO BÍBLICO DE COLOMBIA

ISBN: 978-84-8267-484-1

Contenido

Presentación

El libro que ahora publicamos resume las reflexiones de sus autores acerca de la predicación hispana en los Estados Unidos, a través de largos años de experiencia practicándola y escuchándola. Ciertamente, no pretendemos hablar por los miles de predicadores hispanos en ese país. Pero sí intentamos dar a conocer nuestras reflexiones y experiencias, tanto a esos pastores y pastoras, como al resto de la iglesia hispanoparlante.

Desde tiempos antiquísimos, la exposición de la Palabra ha sido un elemento fundamental del culto cristiano. A través de las edades, y en circunstancias siempre cambiantes, esa predicación ha ido tomando formas distintas. Si bien esas formas históricas no resultan siempre aplicables en situaciones contemporáneas, su estudio enriquece nuestra comprensión y nuestra práctica de la homilética. De igual modo, sin pretender que lo que aquí decimos sea aplicable en otros contextos, sí estamos convencidos de que su estudio puede enriquecer la práctica homilética en otros lugares.

Es así que lanzamos este libro al mundo: con la esperanza y la oración de que lo que aquí decimos, aunque refleje circunstancias particulares, les sea útil a quienes en diversos lugares y circunstancias llevan la enorme responsabilidad y el gran honor de ser expositores de la Palabra. Si así aconteciese con uno solo de nuestros lectores, daremos nuestra labor por bien compensada.

Justo L. González
Pablo A. Jiménez

Introducción

La comunidad hispana es el segmento de mayor crecimiento de la población estadounidense. Según los estimados de la Oficina del Censo, casi 40 millones de personas latinas viven permanentemente en los Estados Unidos. Lo que es más, dicha Oficina estima que durante las próximas décadas la población hispana sobrepasará las 50 millones de personas. Ya es el grupo minoritario más grande en los Estados Unidos, pues su número excede el de las personas de ascendencia afroamericana en todas las regiones del país.

La mayor parte de las personas de ascendencia hispanoamericana que viven en territorio estadounidense no se llaman a sí mismas «hispanas». Por el contrario, se identifican por su país de origen como cubanas, puertorriqueñas, o méxicoamericanas, etc.[1] El término «Hispanic» fue seleccionado por la Oficina del Censo para referirse a las personas de trasfondo hispanoamericano. En este sentido, es un término impuesto por el gobierno. En respuesta a esta imposición, algunos grupos prefieren usar los términos «latino» y «latina». Con el tiempo, las palabras «hispano», «hispana», «latino» y «latina» se han convertido en términos técnicos que se emplean como sinónimos: describen a aquellas personas cuyo trasfondo étnico es hispanoamericano, pero que por alguna razón viven permanentemente en los Estados Unidos de América.

Al igual que otros grupos minoritarios, el pueblo latino es muy religioso. Mientras la mayor parte de las denominaciones que sirven a la población de ascendencia inglesa y europea están declinando, las congregaciones hispanas van en aumento, tanto en número como en feligresía. Este es un fenómeno que trasciende las fronteras geográficas y denominaciones, ya que las congrega-

---

1 Se estima que dos terceras partes de la población hispana es de trasfondo mexicano. La octava parte es puertorriqueña. La población de ascendencia cubana suma casi 2 millones de personas. El resto viene de diversas partes de América Latina, en especial de la República Dominicana, Centro América y Colombia. Para una explicación más detallada véase González, *Hispanics*, pp. 10-11.

ciones hispanas están creciendo tanto entre católicos como entre protestantes y pentecostales.

A la par de la iglesia hispana, también crece el grupo de teólogos y teólogas que están colaborando en el desarrollo de la *teología hispana*. Este movimiento, nacido a finales de la década de los 1970s, está haciendo importantes contribuciones al pensamiento religioso estadounidense por medio de sus publicaciones y de las organizaciones creadas para promover la educación teológica del pueblo hispano.[2]

El número de libros escritos desde una perspectiva teológica hispana también está creciendo de manera vertiginosa. Al momento de escribir este libro, en los Estados Unidos existen dos revistas teológicas dedicadas al pensamiento hispano: *Apuntes: Reflexiones desde el margen hispano*, publicada por el programa México-Americano de Perkins School of Theology desde el 1981; y el *Journal for Latino/Hispanic Theology*, publicado por Association of Catholic Hispanic Theologians (ACHTUS) desde 1993. También hay un creciente número de publicaciones, en ingles y en español, que tratan una variedad de temas bíblicos, teológicos y éticos desde perspectivas hispanas.[3] Como es de esperar, las primeras publicaciones prestaron atención a los temas teológicos tradicionales. Recientemente, el foco se ha expandido para incluir temas relacionados con la teología pastoral y el adiestramiento ministerial.[4]

El propósito de este libro es, precisamente, explorar un área de la teología pastoral: la predicación. Este manual busca ofrecer una introducción al campo de la homilética hispana. En búsqueda de este propósito, el libro trata de encarnar algunas de las características principales del pensamiento teológico que latinos y latinas están

---

2 Algunas de estas organizaciones son: The Academy of Catholic Hispanic Theologians (ACHTUS); El Programa Hispano de Verano (mejor conocido por sus siglas en inglés como el HSP); La Asociación para la Educación Teológica Hispana (AETH); la Asociación de Ministerios Evangélicos Nacionales (AMEN); y la Hispanic Theological Initiative (HTI).

3 Para una bibliografía extensa de recursos escritos desde perspectivas hispanas, véase el libro de Paul Barton y David Maldonado, Jr. titulado *Hispanic Christianity Within Mainline Protestant Traditions: A Bibliography* (Decatur, GA: AETH Books, 1998). Además, tanto *Apuntes* como el *Journal of Hispanic/Latino Theology* publican reseñas de libros y bibliografías.

4 Véase, a manera de ejemplo, el libro editado por Justo L. González, *¡Alabadle! Hispanic Christian Worship* (Nashville: Abingdon Press, 1996).

desarrollando en los Estados Unidos: Primeramente, el libro ha sido escrito «en conjunto» por dos autores comprometidos con la comunidad hispana. Jiménez escribió el segundo y el cuarto capítulo mientras González escribió el tercero y el quinto. Ambos autores colaboraron en la edición del libro, leyendo, releyendo y comentando el escrito. En segundo lugar, el libro combina la teoría y la práctica, pues incluye una colección de sermones que ejemplifican los principios discutidos en la parte teórica. Cada autor aporta tres sermones a este tomo, sermones que han sido predicados en congregaciones hispanas en distintas partes de los Estados Unidos. En tercer lugar, el libro refleja el énfasis intergeneracional e interdenominacional que caracteriza a la teología hispana. Finalmente, aunque el foco del libro es la comunidad hispana en los Estados Unidos, aspira a hacer una contribución importante al estudio de la predicación que pueda ser útil para las iglesias en todos los países de habla hispana.

Como mencionamos anteriormente, el libro se divide en dos secciones. La primera, que comienza después de esta introducción, se titula «En torno al púlpito», y contiene cuatro capítulos que discuten diversos aspectos de la teoría homilética. El segundo capítulo describe el desarrollo de la teoría homilética hispana, ofreciendo un breve análisis histórico. El tercero discute el impacto de varios temas teológicos y culturales en el púlpito hispano. El cuarto trata sobre la hermenéutica hispana, ofreciendo un breve análisis del encuentro de Jesús con Marta y María (Lc. 10:38-42). El quinto y último capítulo de la sección explora la presentación del sermón desde una perspectiva hispana.

La segunda sección, titulada «En el púlpito», contiene seis sermones, tres de cada autor. Primero, Jiménez aporta *La ilusión del honor*, un sermón predicado en un servicio memorial donde se recordó a tres miembros de la Iglesia Cristiana (Discípulos de Cristo) en los Estados Unidos y el Canadá que murieron en los ataques que se llevaron a cabo el 11 de septiembre del 2001 contra las torres gemelas en Nueva York. El segundo, titulado *Una iglesia, una visión, una misión*, fue predicado en una asamblea denominacional de la Iglesia Cristiana (Discípulos de Cristo) en Puerto Rico. El tercero, *Poder para salvación*, es un sermón bilingüe predicado durante el servicio que conmemoró el aniversario 104 de la Iglesia Cristiana Mexicana (Discípulos de Cristo) en San Antonio, Texas.

Por su parte, González también aporta tres sermones. El primero, *¡Sí se puede!* fue predicado cuando se preparaba el «Plan Nacional de Ministerios Hispanos», en el que la Iglesia Metodista Unida en los Estados Unidos se comprometió seriamente a tales ministerios. El segundo, *La higuera en la viña*, fue predicado en una iglesia en la que el «evangelio de la prosperidad» estaba infiltrándose. El tercero, *Levantemos nuestro monumento*, fue el mensaje inicial en la asamblea constituyente de la Alianza de Ministerios Hispanos, llevada a cabo en Los Angeles en 1994.

Debemos indicar que este manual no toca el tema del diseño básico del sermón. Para estudiar este y otros temas introductorios, puede consultar el libro de Pablo A. Jiménez titulado *Principios de predicación*.[5] Además, puede consultar www.predicar.org, un portal electrónico dirigido por Jiménez que provee recursos para el púlpito cristiano.

Ofrecemos estos comentarios y reflexiones con la esperanza de que puedan informar a la iglesia hispanoparlante en ambos hemisferios sobre el estado de la predicación en las comunidades hispanas que viven en los Estados Unidos. Esperamos que este estudio avance la discusión del tema, invitando a nuestros lectores y lectoras a continuar estudiando y practicando el arte cristiano de la predicación.

---

5 Pablo A. Jiménez, *Principios de predicación* (Nashville: Abingdon Press, 2003).

Primera parte

En torno al púlpito

2

Esbozo histórico
de la homilética hispana

Pablo A. Jiménez

Para comprender el desarrollo de la teoría homilética hispana, es necesario comprender el desarrollo histórico del púlpito latinoamericano. También es necesario investigar cómo esta teoría ha sido interpretada y quién la ha interpretado. Sólo así podremos comprender cómo la teoría homilética ha sido entendida, modificada y transformada por los eruditos hispanoamericanos.

Esta breve reseña histórica se divide en tres partes. La primera describe los primeros manuales de homilética protestantes traducidos al español. La segunda comenta los libros más influyentes escritos por personas latinoamericanas. La tercera parte explora cómo los predicadores hispanos contemporáneos han reinterpretado la teoría homilética heredada a la luz de la subcultura latina.

Antes de continuar, debo aclarar dos aspectos de mis comentarios. Primero, en esta reseña histórica me refiero primordialmente a los manuales de homilética que se han distribuido ampliamente en el mundo de habla hispana. Esto excluye otros materiales homiléticos importantes, tales como publicaciones regionales, colecciones de sermones y artículos publicados en revistas teológicas y religiosas. Segundo, como toda división histórica, esta reseña es selectiva y para algunas personas será hasta arbitraria. Pudiera ser modificada fácilmente y hasta pudiera ser cuestionada. Una vez más, aclaramos que nuestro propósito es comenzar la discusión, no dar la palabra definitiva sobre el tema.[1]

---

1 Hay otras reseñas históricas en: *Diccionario de Historia de la Iglesia* (DHI), editado por Wilton M. Nelson, s.v. «Predicación evangélica en América Latina» por

I. PRIMERA ETAPA: TRANSCULTURACIÓN

La teoría homilética protestante llegó a América Latina a comienzos del siglo XX, junto con el movimiento misionero. Hasta ese momento, el protestantismo tuvo una historia larga y tormentosa en América Latina.[2] Los primeros inmigrantes protestantes llegaron a Sur América y el Caribe durante el siglo XVI, en el tiempo de la colonización española. Sin embargo, la mayor parte de estos inmigrantes fueron expulsados o exterminados por la Inquisición. Los inmigrantes europeos establecieron las primeras congregaciones   protestantes a comienzos del siglo XIX. Podemos dividirlas en dos categorías.[3] Las más antiguas fueron congregaciones «transplantadas» para servir casi exclusivamente a mercaderes británicos y a sus familias. Su existencia prueba la influencia enorme del comercio entre América Latina y Gran Bretaña. Estas congregaciones no podían evangelizar a los súbditos de la corona española. Los grupos étnicos invitados a inmigrar a América Latina por los nuevos gobiernos nacionales establecieron la segunda categoría de congregaciones de inmigrantes. El propósito principal de la iglesia en estas comunidades «injertadas» no era la evangelización sino ofrecer cuidado pastoral a los inmigrantes. Ambas categorías de congregaciones étnicas comparten una característica importante: ambas «importaban» sus ministros de sus países de origen. Por lo tanto, los ministros inmigrantes estudiaban teología en Europa o en los Estados Unidos.

Orlando E. Costas (Miami: Editorial Caribe, 1989), p. 863; *Concise Encyclopedia of Preaching* (CEP), editado por William M. Willimon y Richard Lischer, «Homiletics and Preaching in Latin America» por John L. Kater (Westminster/John Knox Press, 1995), pp. 241-243.

2 Para una introducción a la historia del Protestantismo en América Latina véase a José Míguez Bonino, *Rostros del protestantismo hispano* (Grand Rapids, MI: Wm. B. Eerdmanns Pub. Co., 1995). Para un estudio profundo, véase a Enrique Dussell, *The Church in Latin America, 1492-1992* (Maryknoll: Orbis Press, 1992.)

3 Christian Lalive D'Epinay, basado en la distinción hecha por Max Weber entre «iglesia» y «secta», describe cinco tipos de grupos protestantes en América Latina: 1) iglesias de inmigrantes «transplantados»; 2) denominaciones establecidas por comunidades inmigrantes injertadas; 3) denominaciones protestantes tradicionales; 4) sectas protestantes de santificación; y 5) misiones de fe pentecostales. Véase su artículo «Toward a Typology of Latin American Protestantism,» *Review of Religious Research* 10 (Otoño 1968):4-11.

Los primeros misioneros protestantes llegaron a América Latina en el siglo XIX. Podemos clasificar estos misioneros en tres categorías principales: los asociados con organizaciones para-eclesiásticas (como las Sociedades Bíblicas); los relacionados a denominaciones protestantes estadounidenses; y los auspiciados por «misiones de fe».

Las «misiones de fe» eran grupos misioneros independientes. Por lo regular, eran apoyados económicamente por personas laicas en Inglaterra o en los Estados Unidos, países de origen de la mayor parte de los misioneros. Estos grupos independientes surgen en respuesta a la renuencia de las denominaciones tradicionales a enviar misioneros a América Latina. A diferencia de África y de Asia, América Latina era un «continente cristiano», evangelizado por la Iglesia Católica Romana. Por esta razón, muchas organizaciones misioneras entendían que América Latina no era un campo misionero legítimo. Por ello, tanto los misioneros denominacionales como los independientes que llegaron a América Latina tendían a ser más conservadores y anticatólicos que sus contrapartes en otras partes del mundo.

Los misioneros protestantes que llegaron a América Latina veían el establecimiento de nuevas congregaciones como el componente más importante de la misión cristiana. La predicación evangelística efectiva era la clave para la implantación de nuevas congregaciones y para el crecimiento de congregaciones establecidas. Por lo tanto, los misioneros comenzaron a promover la traducción de algunos manuales de homilética al español. Necesitaban estos manuales para adiestrar nuevos predicadores laicos y nuevos candidatos al ministerio.

De todos los manuales que circularon durante este tiempo, hay cinco que merecen atención especial. Los primeros tres son traducciones del inglés al español: *Discursos a mis estudiantes*, por Charles H. Spurgeon; *Tratado sobre la predicación*, por John A. Broadus; y *La preparación de sermones bíblicos*, por Andrew W. Blackwood. Los últimos dos, *Manual de homilética*, por Samuel Vila, y *El sermón eficaz*, por James D. Crane, fueron escritos en español.

Discursos a mis estudiantes, por Charles H. Spurgeon:[4] Spurgeon fue un predicador bautista inglés, conocido internacionalmente por sus sermones y por ser el pastor de la congregación más grande de la era victoriana. Fue un calvinista evangélico cuyas publicaciones forman

---

4 El Paso: Casa Bautista de Publicaciones, 1950.

la más amplia colección de escritos evangélicos en inglés.[5] Aunque su manual, publicado originalmente en 1875, trata algunos aspectos importantes del diseño del sermón, la mayor parte del libro habla sobre la formación espiritual del ministro. Su libro es usado principalmente para modelar el carácter de seminaristas. Por esta razón, frecuentemente se usa en conjunto con el libro de Broadus.

Tratado sobre la predicación, por John A. Broadus:[6] Este ha sido probablemente el manual de homilética más influyente en América Latina. Presenta el sermón como una pieza retórica cuyos propósitos principales son instruir y persuadir.[7] Broadus presenta una metodología que presta gran atención a los detalles del diseño del sermón y un acercamiento racionalista a la predicación. Estos elementos fueron muy llamativos para aquellas personas de habla hispana que dominaban el lenguaje, probablemente porque habían gozado de buena educación. Estos predicadores encontraron en el sistema de Broadus un método que evocaba la «estilística», una disciplina que estudiaba en detalle distintas técnicas para la expresión oral y escrita. Aunque la versión de habla inglesa del libro de Broadus fue publicada originalmente en el 1870, este manual todavía se emplea ampliamente en América Latina, particularmente en institutos y colegios bíblicos.

La preparación de sermones bíblicos, por Andrew W. Blackwood:[8] Lo que fue Broadus para la teoría homilética, lo fue Blackwood para la predicación expositiva. El trabajo de este ministro presbiteriano moldeó la forma en que muchos predicadores protestantes hispanoamericanos diseñaban sus sermones bíblicos. La metodología de Blackwood tiene una visión dual de la homilética.[9] Por un lado, insta al estudiantado a examinar los sermones y las publicaciones de predicadores de renombre. Por otro lado, dado que también ve el sermón como una composición retórica, presta atención detallada al diseño del sermón. Al igual que Broadus, su metodología apela principalmente a personas instruidas.

---

5 CEP, s.v. «Spurgeon, Charles Haddon» por Craig Skinner, p. 450.

6 El Paso: Casa Bautista de Publicaciones, 1925.

7 CEP, s.v. «Broadus, John Albert» por Al Fasol, pp. 45-46; s.v. «Homiletics and Preaching in North America» por Don M. Wardlaw, pp. 245-246; s.v. «Rhetoric» por Craig A. Loscalzo, pp. 411-412.

8 El Paso: Casa Bautista de Publicaciones, 1953.

9 CEP, s.v. «Blackwood, Andrew Watterson» por Wayne E. Shaw, pp. 37-38.

Manual de homilética, por Samuel Vila:[10] Samuel Vila fue el erudito protestante más destacado en España durante el siglo XX. Su contribución a la evangelización y a la educación teológica perdura a través de sus muchos escritos y de Libros CLIE, la editorial que fundó. El *Manual de homilética* ha sido una de las obras más vendidas de Vila. El mismo presenta un acercamiento detallado pero accesible al arte cristiano de la predicación. Obviando temas como la teología y la historia de la predicación, el manual explica cómo se diseña, se prepara y se presenta un sermón. El libro incluye hasta dibujos que ejemplifican los gestos y las actitudes incorrectas en el púlpito. En términos teóricos, el modelo de Vila se asemeja a los modelos presentados en los libros comentados anteriormente. Lo que distingue este manual de los demás es la manera como Vila pudo explicar conceptos profundos con gran claridad. Con razón este ha sido uno de los libros de texto más usado en los institutos, colegios bíblicos y seminarios de habla hispana.

El sermón eficaz, por James D. Crane:[11] Crane fue un misionero bautista que tuvo una larga carrera como educador teológico en América Latina, principalmente en México. Aunque su libro fue escrito originalmente en español, es una complicada reinterpretación del sistema de Broadus. Por esta razón, en América Latina los manuales de Crane y de Broadus han sido tratados como libros de texto intercambiables. Crane también publicó una versión simplificada de su sistema homilético titulada *Manual para predicadores laicos.*[12]

Aunque durante este tiempo circularon traducciones de otros libros, tales como *El romance de la predicación*, escrito por Horne, los mencionados anteriormente han sido los más influyentes. Los cinco presentan un acercamiento homilético similar que comparte las siguientes características: un acercamiento deductivo, neoclásico y racionalista del diseño sermonario y una perspectiva que refleja los valores de las iglesias libres, que rara vez usan leccionarios y donde el tema del sermón no guarda mucha relación con las temporadas del calendario litúrgico. Quizás esto explica por qué cuatro de los cinco libros mencionados anteriormente han sido publicados por la Casa Bautista de Publicaciones. El hecho de que los cinco todavía se usan ampliamente es un testimonio de la importancia de estos manuales.

10 Terrasa (Barcelona): Libros CLIE, 1954.
11 El Paso: Casa Bautista de Publicaciones, 1961.
12 El Paso: Casa Bautista de Publicaciones, 1966.

II. Segunda etapa: Enculturación

La teoría homilética descrita en el párrafo anterior encontró terreno fértil en América Latina. Como ya hemos mencionado, apelaba principalmente a aquellos candidatos al ministerio que habían gozado de una buena educación secular. Estos predicadores desarrollaron estilos que combinaban la teoría homilética deductiva ejemplificada por Broadus con la oratoria española. Los mejores mostraban un alto nivel de erudición que les permitía citar tanto la mejor literatura española como anécdotas tomadas de obras clásicas. En resumen, estos predicadores «eruditos» eran poetas del púlpito hispano.

Sin embargo, no todos los candidatos al ministerio tenían acceso a la mejor educación secular. Por el contrario, la mayor parte de los predicadores protestantes hispanoamericanos apenas alcanzaban a terminar la escuela preparatoria. Por lo tanto, estos predicadores «populares», muchos de los cuales tenían poco o ningún acceso a programas de educación teológica, desarrollaban sus propios estilos de predicación. Aunque no hay investigaciones publicadas sobre el tema, en otros escritos he descrito el estilo popular de predicación como la exposición extemporánea de un pasaje bíblico.[13] Entre las formas de sermón que emplea, privilegia el sermón narrativo, el sermón de referencia textual (donde el predicador cita una cadena de textos bíblicos par probar la veracidad de su enseñanza), y el sermón donde el predicador narra su «testimonio», haciendo una interpretación teológica de su algunos episodios de su vida.

El contraste entre la predicación erudita y la popular en América Latina ha sido claro y su relación ha sido difícil. Por un lado, algunos predicadores populares rechazaban el estilo erudito, describiéndolo como un discurso rebuscado que carecía del poder del Espíritu Santo. Por otro lado, los predicadores eruditos sirvieron como modelos que la mayor parte de la feligresía deseaba escuchar y que la mayor parte de los predicadores deseaba emular. Con toda justicia, debemos reconocer que los sermones de los mejores predicadores eruditos hispanoamericanos eran verdaderas joyas de la literatura religiosa.

---

13 Pablo A. Jiménez, editor, *Lumbrera a nuestro camino* (Miami: Editorial Caribe, 1994), p. 126-129.

No debe sorprendernos, pues, que algunos de estos predicadores eruditos se convirtieran en los primeros expertos en homilética en América Latina. Publicaban sus sermones en revistas teológicas tales como *Revista de Homilética, El Predicador Evangélico, La Nueva Democracia y Puerto Rico Evangélico*, entre otras. Con el tiempo, también publicaron libros donde compilaron ilustraciones, bosquejos y manuscritos de sermones. Como era de esperar, algunos de estos predicadores eruditos ofrecieron cursos de predicación en seminarios latinoamericanos. Algunos, como Alberto Rembao,[14] adiestraron a centenares de predicadores en diversos países, formando «escuelas» informales. Otros, como Ángel Archilla Cabrera[15] y Juan Crisóstomo Varetto,[16] viajaron por toda América Latina predicando campañas que seguían el modelo del avivamiento estadounidense y sosteniendo interesantes debates con sacerdotes católicos. Estos evangelistas se convirtieron en modelos vivientes para el púlpito protestante hispanoamericano.

En esta sección sólo he de considerar cuatro manuales de homilética publicados durante este período: *El arte cristiano de la predicación*, de Ángel Mergal; *Comunicación por medio de la predicación*, de Orlando E. Costas; *Predicación y misión: Una perspectiva pastoral*, de Osvaldo Mottesi; y *Teoría y práctica de la predicación*, de Cecilio Arrastía.

El arte cristiano de la predicación, de Ángel Mergal:[17] Por muchos años, Mergal fue profesor en el Seminario Evangélico de Puerto Rico (SEPR). Era un hombre genial, ya que enseñaba lenguajes bíblicos, alemán, homilética y consejo pastoral, entre otros cursos. Su manual se divide en dos partes. La primera parte afirma que el sermón es una obra de arte y describe el carácter estético de la predicación. Esta sección emplea ideas tomadas de Susanne K. Langer, una filósofa estadounidense.[18] La segunda parte, que es mucho más corta, describe cómo se diseña un sermón. Aunque la segunda parte palidece ante la primera, este hermoso libro es quizás el mejor manual de predicación jamás escrito en la América de habla hispana.

---

14 DHI, s.v. «Rembao, Alberto» por Cecilio Arrastía, p. 902.
15 DHI, s.v. «Archilla Cabrera, Ángel» por W. Dayton Roberts, p. 69.
16 DHI, s.v. «Varetto, Juan Crisóstomo» por Arnoldo Canclini Varetto, p. 1051.
17 México: Casa Unida de Publicaciones, 1951.
18 Susanne K. Langer, *Philosophy in a New Key: A Study in the Symbolism of Reason* (Cambridge: Harvard University Press, 1957).

Comunicación por medio de la predicación, de Orlando E. Costas:[19] El renombrado misiólogo puertorriqueño también era un estudioso y maestro de la homilética. Costas escribió este manual de predicación mientras enseñaba en el antiguo Seminario Bíblico Latinoamericano (hoy conocido como la Universidad Bíblica Latinoamericana) en San José de Costa Rica. Aunque en muchos aspectos sigue el modelo de Broadus, Costas hace dos contribuciones importantes a la homilética hispanoamericana. Primero, trae una clara perspectiva teológica a la disciplina. Aunque Costas se definía a sí mismo como un creyente de corte evangélico, era un teólogo progresista que ya en esta temprana etapa de su carrera estaba en diálogo con teologías neoortodoxas y hasta con algunas perspectivas católicas. Segundo, Costas presenta la predicación como un proceso comunicativo. Por esta razón, informa sus ideas con perspectivas tomadas de disciplinas tales como la oratoria y la comunicación de masas.[20] Una nota de interés es que sus trabajos muestran la influencia de los escritos de Lloyd M. Perry en su metodología.[21]

Predicación y misión: Una perspectiva pastoral, by Osvaldo Mottesi:[22] Este excelente predicador y maestro argentino estudió con James D. Crane en el Instituto Bautista de Buenos Aires. Graduado de la Universidad de Emory en Atlanta, enseñó homilética en el Seminario Bíblico Latinoamericano en Costa Rica antes de comenzar un largo ministerio educativo en Northern Baptist Theological Seminary, a las afueras de Chicago. Como es de esperar, su manual sigue las convenciones retóricas aprendidas de Crane. No obstante, este libro hace una clara contribución al campo de la predicación hispanoamericana. La base del sistema homilético de Mottesi es la misiología, es decir la teología sobre la misión, desarrollada en América Latina a partir de la década de los 1970s. Esta es una teología profundamente evangélica pero también radical en su crítica social y teológica. Por esta razón, la perspectiva de Mottesi es contextual a la vez que pastoral. Su libro tiene, pues, un claro sabor latinoamericano.

---

19 Miami: Editorial Caribe, 1973.

20 Durante su estadía en San José, Costas también escribió *Introducción a la Comunicación* (San José: Sebila, 1976.)

21 Lloyd M. Perry, *A Manual for Biblical Preaching* (Grand Rapids, MI: Baker Book House, 1967); *Biblical Sermon Guide* (Grand Rapids, MI: Baker Book House, 1970).

22 Miami: LOGOI, 1989.

Teoría y práctica de la predicación, de Cecilio Arrastía:[23] Por décadas, Cecilio Arrastía fue considerado el mejor predicador hispanoamericano y como el más grande experto hispano en homilética.[24] Este ministro cubano se hizo famoso por su poderoso estilo de predicación erudita. Arrastía fue un hombre polifacético: predicó campañas de evangelización en distintos países, publicó colecciones de sermones, escribió sobre teoría homilética, enseñó cursos de predicación en varios seminarios, incluyendo el SEPR y McCormick Theological Seminary, y ofreció incontables talleres de predicación para ministros y líderes laicos. Aunque publicó varios artículos técnicos sobre homilética en distintas revistas teológicas,[25] sus primeros libros fueron colecciones de sermones.[26] Desde la década del 1970 sus estudiantes pedían a gritos un libro de texto escrito por este maestro de maestros. Sin embargo, Arrastía no publicó este manual hasta después de su jubilación. Es una paradoja el que Arrastía, quien fue colega de Mergal en el SEPR y mentor de Costas y Mottesi,[27] fuera el último en publicar un libro introductorio al arte cristiano de la predicación.

El manual de Arrastía no sigue el bosquejo tradicional de este tipo de libros. Aunque Arrastía también veía el sermón como una composición retórica, su libro presenta una metodología ecléctica. Hace cuatro contribuciones importantes a la homilética hispanoamericana. Primero, explica la minuciosa metodología del propio Arrastía. Segundo, ofrece una explicación detallada del calendario eclesiástico (conocido también como el año cristiano) y de cómo usar el leccionario. En este punto, Arrastía se aparta de los demás libros de homilética publicados en América Latina, la mayor parte de los cuales presentan la perspectiva de iglesias libres que no usan leccionarios para confeccionar sus sermones. Tercero, el libro incluye un largo capítulo sobre

---

23 Miami: Editorial Caribe, 1989.

24 DHI, s.v. «Arrastía Valdés, Cecilio» por Marco Antonio Ramos, pp. 81-82.

25 Plutarco Bonilla, el erudito costarricense, compiló y publicó varios artículos de Arrastía en una edición especial de la revista *Pastoralia* 4:9 (1982). También fueron publicados en el libro *La predicación, el predicador y la iglesia* (San José: Colección CELEP, 1983.)

26 *Jesucristo, Señor del pánico: Antología de Predicaciones*(México: Casa Unida de Publicaciones, 1964); *Itinerario de la pasión* (El Paso: Casa Bautista de Publicaciones, 1978.)

27 Arrastía escribió los prólogos de los libros de Costas y de Mottesi.

cómo usar la literatura en la predicación, razón por la cual cita cientos de obras clásicas, españolas y latinoamericanas en su bibliografía. Cuarto y último, el autor afirma que la congregación es una «comunidad hermenéutica». Esto le lleva a sugerir distintas maneras de incluir la voz de la congregación en la preparación, en la evaluación y hasta en la presentación del sermón.[28]

Debemos notar que, técnicamente, los autores de los cuatro manuales comentados en esta sección son «hispanos». Dos de ellos son puertorriqueños, razón por la cual eran ciudadanos estadounidenses de nacimiento. Los otros dos son personas latinoamericanas que terminaron viviendo permanentemente en los Estados Unidos. Debido a este factor, sus respectivos sistemas homiléticos tuvieron un profundo impacto no solo en el protestantismo latinoamericano sino también dentro de las iglesias de habla hispana en los Estados Unidos.

Debo recalcar que estos libros son solo una muestra de la inmensa contribución de estos autores a la predicación hispanoamericana. Su mayor contribución la hicieron por medio de los miles de sermones que predicaron en congregaciones, campañas y en otras actividades. Gracias a Mergal, Costas, Mottesi y Arrastía el modelo del predicador erudito—el orador talentoso que domina tanto el lenguaje como la teología—continúa siendo el ideal del púlpito hispano.

III. Tercera etapa: Contextualización

En esta sección evaluaré el impacto en el púlpito hispano que ha tenido la teoría homilética comentada en las secciones anteriores.[29] De manera especial, trataré de resaltar la manera como los predicadores y predicadoras de habla hispana en los Estados Unidos han reinterpretado las enseñanzas de Mergal, Costas, Mottesi y Arrastía.

A partir de la década de los 1980s un grupo de líderes hispanos —personas dedicadas al trabajo pastoral, a la teología y a la erudición—han tratado de forjar un movimiento teológico particular

28 Véase su artículo «La Iglesia como comunidad hermenéutica» en Justo L. González, editor, *Voces: Voices from the Hispanic Church*, (Nashville: Abingdon Press, 1992), pp. 122-127.

29 Para un ejemplo del desarrollo de la homilética en América Latina véase, *Siervo de la Palabra: Manual de homilética* (Buenos Aires: ISEDET, 1997.)

conocido como la *teología hispana*. Esta es una teología contextual o «política» hecha desde una perspectiva hispana o latina en los Estados Unidos. Su punto de partida es el lugar que ocupa el pueblo hispano en la sociedad estadounidense; la realidad que las comunidades latinas experimentan diariamente en los Estados Unidos de América. Esta realidad se caracteriza por la marginalización que sufre el pueblo latino y por la forma como la experiencia religiosa de nuestro pueblo trata de lidiar con el sufrimiento que produce dicha marginalización. La teología hispana propone una metodología que exhorta a la iglesia a desarrollar una práctica de la fe que sea liberadora y que, por lo tanto, transforme la realidad opresiva que enfrenta diariamente la comunidad latina.

La teología hispana está transformando la manera como la erudición hispana se acerca a las diferentes disciplinas teológicas. Este será el foco de nuestro próximo capítulo. También está transformando la manera como leemos e interpretamos las Sagradas Escrituras. Este será el foco del cuarto capítulo. En lo que queda de este capítulo, hablaremos de la contribución de diferentes teólogos y teólogas de trasfondo hispano a la teoría y la práctica de la predicación.

Una vez más, presto atención particular a cinco libros publicados durante este período: *Predicación evangélica y teología hispana*, editado por Orlando E. Costas; *Liberation Preaching*, de Justo L. y Catherine G. González; *Lumbrera a nuestro camino*, editado por Pablo A. Jiménez; *Púlpito cristiano y justicia social*, editado por Daniel R. Rodríguez-Díaz; y *Principios de predicación*, por Pablo A. Jiménez. La sección termina con una breve discusión de la contribución de las predicadoras y maestras hispanas a la teoría y la práctica de la predicación, resaltando la contribución de Sandra Mangual-Rodríguez.

Predicación evangélica y teología hispana, editado por Orlando E. Costas:[30] Para aquellas personas que no tuvieron el gusto de conocer a Costas, podría parecer un tanto extraño el que examinemos su contribución en dos períodos distintos de este análisis histórico. Quienes le conocimos lo comprendemos perfectamente. El pensamiento teológico de Costas estaba en constante evolución. En los nueve años que pasaron entre la publicación de su libro de homilética y esta colección de ensayos, Costas se convirtió en un destacado teólogo y misiólogo. Sin abandonar sus

---

30 San Diego: Publicaciones de las Américas, 1982.

raíces evangélicas, llegó a definirse como un «teólogo evangélico de la liberación».

Costas era un hombre excepcional. Poco después de volver a los Estados Unidos, comenzó a organizar a líderes, seminaristas, teólogos y teólogas de trasfondo hispano. Su libro compila ensayos presentados en el primer simposio de teología que organizó en territorio estadounidense. Su meta era establecer un capítulo de la Fraternidad Teológica Latinoamericana en ese país. Aunque dicha meta no pudo alcanzarse hasta muchos años después, el simposio estableció un patrón que hoy día es común en los círculos hispanos. La reunión fue interdenominacional, intergenerational, bicultural y bilingüe. Incluyó una amplia representación de los distintos componentes de la educación teológica hispana, reuniendo pastores y pastoras, representantes de institutos y colegios bíblicos, seminaristas y representantes de seminarios teológicos acreditados. Allí, personas latinas de distintos trasfondos se unieron para hacer teología. Hoy tenemos un nombre particular para esta metodología: «teología en conjunto». Interesantemente, todos los libros comentados en esta sección en alguna manera representan dicha teología en conjunto.

Este libro no ve el sermón como una mera composición retórica. De hecho, el libro no trata los lugares comunes de la homilética tradicional, tales como la invención, el diseño o la presentación del sermón. Este es un libro de teología. La primera parte ofrece un largo estudio bíblico, escrito por Edesio Sánchez Cetina, sobre el concepto «palabra de Dios». La segunda parte explora la relación entre la homilética y la cultura hispana, de donde la comunidad latina deriva su sentido de identidad. Esta es una sección dialogada, donde cada ensayo principal es comentado por otras dos personas. Algunas de esas respuestas están escritas en inglés. La tercera parte del libro habla sobre el carácter interdisciplinario de la homilética, examinando la relación entre la predicación, la espiritualidad, la educación, el consejo pastoral y la comunicación. Este libro hizo una contribución decisiva a la homilética hispana.

Liberation Preaching: The Pulpit and the Oppressed, de Justo L. y Catherine G. González:[31] En realidad, este no es un libro sobre predicación hispana. Su alcance es mucho más amplio, ya que analiza

---

31 Nashville: Abingdon Press, 1980. La edición revisada y aumentada del libro se titula *The Liberating Pulpit* (Nashville: Abingdon Press, 1994.)

la contribución de las teologías contextuales y políticas a la homilética contemporánea. No obstante, las referencias que Justo L. González hace a su experiencia como un latino que vive permanentemente en los Estados Unidos ofrecen respectivas importantes sobre la predicación hispana. Este libro es pertinente por varias razones. Primero, exhorta a la persona que predica a leer la Biblia desde la perspectiva de las personas marginadas, de las personas que carecen de poder en la sociedad. Esto lleva necesariamente al desarrollo de una «hermenéutica de sospecha» que provea las pistas necesarias para examinar las interpretaciones dominantes de la Biblia. Para el pueblo hispano, esto implica que debemos interpretar la Biblia desde nuestro lugar en la sociedad, lugar que se caracteriza por la lucha contra la marginación, la opresión, la pobreza, el racismo y el discrimen. Segundo, esta nueva perspectiva hermenéutica capacita a la persona que predica para hacerle «preguntas políticas» al texto bíblico. Algunas de estas preguntas políticas son: ¿Quiénes son las personas poderosas en este pasaje bíblico? ¿Quiénes son las personas marginadas? ¿Cuáles son las fuentes de poder social y político? ¿Acaso se usa el poder de manera ética en este pasaje bíblico? Esto lleva a la persona que predica a diseñar sermones contextuales que son pertinentes a la realidad que vive el pueblo latino. Finalmente, y quizás más importante aun, esta metodología afirma la validez de la experiencia hispana como fuente para la teología.

Lumbrera a nuestro camino, editado por Pablo A. Jiménez:[32] Este libro compila las conferencias presentadas en el Primer Encuentro de Biblistas, un simposio auspiciado por la Asociación para la Educación Teológica Hispana (AETH). Aunque el foco principal de este libro es la erudición bíblica, cada capítulo comenta algún aspecto de la relación entre la interpretación de las Sagradas Escrituras y la predicación. Este libro es otro ejemplo de la «teología en conjunto», dado que cada una de las conferencias principales es seguida por una corta respuesta o comentario. Los primeros capítulos exploran avances en el estudio del Antiguo y del Nuevo Testamento. Los capítulos centrales bosquejan la historia de la interpretación de la Biblia. Los capítulos finales estudian la relación entre la hermenéutica, la homilética y la educación cristiana. La característica principal del libro es la importancia de la cultura en el quehacer teológico. Fue escrito después de la publicación

---

32 Jiménez, *Lumbrera*.

de las obras fundamentales de la teología hispana,[33] razón por la cual sus contribuyentes desarrollan perspectivas que representan fielmente las esperanzas y las necesidades de la comunidad latina.

Predicación evangélica y justicia social, editado por Daniel R. Rodríguez-Díaz:[34] Este libro es el resultado de la colaboración entre autores hispanos y mexicanos. Compila ensayos sobre teoría homilética y sermones sobre distintos temas. Como sugiere el título, el libro recalca la relación entre la predicación y temas sociales tales como la justicia, la etnicidad, el género y la inmigración, entre otros. En cierto modo, es un buen ejemplo de teología política y contextual.

Principios de predicación, por Pablo A. Jiménez:[35] De todos los libros comentados en esta sección, este es el único manual introductorio a la predicación. Mientras los otros enfocan en la teología de la predicación, este combina la teoría y la práctica. El libro se divide en tres partes. La primera presenta aspectos teóricos de homilética, tales como la teología de la predicación, principios de comunicación, una meditación sobre la invención del sermón en el contexto de la vida de la iglesia. La segunda discute aspectos prácticos, incluyendo principios de interpretación bíblica, técnicas para diseñar sermones y consejos prácticos sobre la presentación de los mismos. Esta sección se distingue por incluir el sermón de ocasión especial como una de las formas básicas de la predicación, a la par del sermón expositivo, del narrativo y del doctrinal. La tercera sección es un apéndice que incluye cuatro manuscritos de sermones, ejemplificando las cuatro formas básicas. Aunque este manual fue escrito con el propósito de ser libro de texto en cursos introductorios al arte cristiano de la predicación, no deja de ser un libro teológico. La idea central del libro es que la predicación cristiana tiene el propósito de ofrecer una interpretación

---

33 Virgilio Elizondo, *Galilean Journey: The Mexican American Promise* (Maryknoll, NY: Orbis Books, 1983); Orlando Costas, *Liberating News: A Theology of Contextual Evangelization* (Grand Rapids, MI: Wm. B. Eerdmanns Publishing Co., 1989); Justo L. González, *Mañana: Christian Theology from a Hispanic Perspective* (Nashville: Abingdon Press, 1990); Roberto S. Goizueta, editor, *We are a People!: Initiatives in Hispanic Theology* (Minneapolis: Fortress Press, 1992); Alan Figueroa Deck, editor, *Frontiers of Hispanic American Theology in the United States* (Maryknoll, NY: Orbis Books, 1992); y Ada María Isasi-Díaz, *En La Lucha/In the Struggle: A Hispanic Women's Liberation Theology* (Minneapolis: Fortress Press, 1993).

34 México: Publicaciones El Faro, 1994.

35 Nashville: Abingdon Press, 2003.

teológica de la vida en el contexto del culto cristiano. Por lo tanto, el libro refleja el carácter contextual de la teología hispana.

En este punto debo comentar sobre la importante contribución de las mujeres latinas al campo de la predicación hispana. Es común ver mujeres hispanas en el púlpito. En parte, este es un extraño resultado del racismo que manchó los esfuerzos misioneros en América Latina y el Caribe. El crecimiento de las misiones obligó a los misioneros a delegar algunas labores ministeriales. Algunos misioneros eran reacios a entregar el trabajo pastoral a los recién convertidos, razón por la cual delegaban tareas en sus esposas. Sin querer, estas misioneras estadounidenses y británicas se convirtieron en modelos para las mujeres latinoamericanas. La feligresía de las distintas iglesias se acostumbró a ver mujeres en puestos de autoridad y en el púlpito. Esto motivó que la segunda y la tercera generaciones de creyentes protestantes nombraran mujeres como «misioneras» y como «pastoras» aun en denominaciones que tradicionalmente no ordenaban mujeres.

Un buen número de mujeres hispanas se han destacado tanto en el púlpito como en el salón de clases. Las pioneras, como la Rvda. «Mama» Leo Rosado en la ciudad de Nueva York, inspiraron varias generaciones de mujeres jóvenes a abrazar el ministerio de la predicación. Estas nuevas generaciones están haciendo una importante contribución al campo de la homilética. Muchas latinas predican en congregaciones, otras escriben sobre homilética y otras enseñan al nivel de instituto o de seminario.[36] Sin lugar a dudas, la experta en predicación más importante de nuestra generación es la Dra. Sandra Mangual Rodríguez. Mangual estudió homilética con Arrastía en el SEPR y con Costas en Andover-Newton Theological School.[37] Fue profesora en el SEPR y ofreció tres cursos para el Programa Hispano

---

36 A manera de ejemplo, véase las siguientes publicaciones de predicadoras latinas: Loida Martell-Otero, «June 15, 1997: Ordinary Time 11 or Proper 6» and «October 26, 1997: Ordinary Time 30 or Proper 25» en Lucy Rose, editora, *Abingdon's Women Preaching Annual*, Series 1 Year B, (Nashville: Abingdon Press, 1996); y Daisy Machado, «El Cántico de María,» *Journal for Preachers* 21:1 (Advent 1997):12-15. Martell-Otero, una pastora de las Iglesias Bautistas Americanas, enseñó predicación y hermenéutica en el New York Theological Seminary's Hispanic program. Maritza Resto e Inés J. Figueroa, ambas ministros ordenadas de la Iglesia Cristiana (Discípulos de Cristo) en Puerto Rico, han enseñado homilética en el SEPR.

37 Véase su tesis doctoral, titulada, *The Training of Hispanic Protestant Preachers in the United States: An Indigenous Approach to Homiletics* (Newton Centre: Andover Newton Theological School, 1988.)

de Verano, lo que le permitió educar a centenares de seminaristas. Su acercamiento a la predicación combina la sólida teoría homilética aprendida de sus distinguidos maestros con elementos de la teología hispana, la teología feminista y la teología «mujerista».[38]

IV. La agenda pendiente

Los trabajos descritos en la pasada sección señalan el surgimiento de una nueva manera de acercarse al púlpito hispano.[39] Latinos y latinas están desarrollando una teoría homilética centrada en la función y el contenido del sermón, no en su diseño tradicional. Si la predicación cristiana es en realidad la interpretación teológica de la vida, la meta de la predicación hispana debe ser la interpretación de la experiencia de las personas latinas. Más allá de enseñar los fundamentos de la fe a la feligresía, la predicación hispana busca ayudar a la comunidad latina a desarrollar y mantener su identidad cultural, aun en medio de las transformaciones que dicha identidad está pasando como consecuencia de la experiencia de vivir permanente en los Estados Unidos. El púlpito hispano también debe equipar a la comunidad latina para que pueda resistir las manifestaciones sociales del mal, manifestaciones que intentan destruir a nuestro pueblo por medio del racismo, el sexismo, la xenofobia y el rechazo de personas de clases sociales inferiores. En una palabra, estoy convencido de que, a través del púlpito hispano, Dios intenta capacitar al pueblo latino para perseverar y prevalecer en su lucha por la vida.

Para lograr esta meta, la iglesia hispana debe seguir una estrategia de doble vía. Primero, es necesario desarrollar programas de educación continuada para líderes laicos, ministros laicos y agentes pastorales que carecen de educación teológica formal. Los predica-

---

38 Para un ejemplo de la predicación de Mangual, véase su sermón titulado «La danza de la vida en la muerte» en el libro editado por Ángel Luís Gutiérrez, *Voces del púlpito hispano*, (Valley Forge, PA: Judson Press, 1989), pp. 72-78.

39 Dos ejemplos del continuo desarrollo de la homilética hispana son el libro editado por Kenneth G. Davis and Jorge L. Presmanes, *Preaching and Culture in Latino Congregations*, (Chicago: Liturgical Training Publications, 2000), que presenta perspectivas católicas sobre predicación y liturgia; y & *Púlpito: Introduction to Hispanic Preaching*, escrito por Justo L. González y Pablo A. Jiménez (Nashville: Abingdon Press, 2005).

dores y las predicadoras de habla hispana necesitan que los eruditos de nuestra comunidad les ayuden a interpretar los desafíos que presenta su experiencia de opresión, discriminación, marginalización, exilio y diáspora. Segundo, es necesario fomentar el desarrollo de eruditos de trasfondo hispano que tengan el interés y la capacidad para analizar los problemas teológicos que surgen de la experiencia latina. La meta es desarrollar «intelectuales orgánicos», es decir, líderes, pastores, pastoras, teólogos y teólogas que se muevan con facilidad del púlpito a la cátedra, de la cátedra a la comunidad, y de la comunidad de vuelta al púlpito.

3

La teología y el púlpito hispano

Justo L. González

1. LOS PREDICADORES Y SUS CONTEXTOS

Al analizar la predicación hispana en los Estados Unidos, hay dos líneas divisorias que es preciso tener en cuenta. La primera se refiere a la audiencia. Los predicadores hispanos en los Estados Unidos no les predican solamente a audiencias y congregaciones latinas, sino que buena parte de nuestra predicación se dirige a la iglesia en general, y frecuentemente tiene lugar en contextos en los que que la mayoría de la congregación no es hispana. Por otra parte, nuestra predicación cotidiana sí tiene lugar más frecuentemente dentro de congregaciones que son total o principalmente hispanas. Estas dos audiencias producen dos formas distintas de predicación, sobre lo cual volveremos en el capítulo 5.

La segunda línea divisoria separa a aquellos predicadores hispanos que se contentan con las interpretaciones tradicionales de las Escrituras y de la doctrina, y aquellos otros que se sienten impulsados por las circunstancias en que ellos y sus congregaciones viven a buscar nuevas interpretaciones. Puesto que la predicación del primero de estos grupos es semejante a la que todos hemos conocido por generaciones, el resto de este capítulo se ocupará principalmente del modo en que la segunda clase de predicación reinterpreta la Escritura y la tradición a la luz de la situación de la comunidad hispana.

Empero, antes de pasar con demasiada celeridad a discutir la clase de predicación que aquí nos interesa, es importante reconocer que todavía hay mucha predicación muy tradicional en el púlpito latino en los Estados Unidos, y explicar algo sobre las razones de esta situación.

Los factores que sostienen tal predicación tradicional son muchos. En primer lugar, muchos predicadores hispanos han sido adiestrados siguiendo un método teológico que fomenta la repetición más bien que la creatividad. Tales métodos todavía prevalecen en varios de los países de donde vienen los inmigrantes más recientes. También son frecuentes en los «institutos bíblicos» donde se forma buena parte de los predicadores hispanos. Muchos de los libros de texto para los cursos sobre teología sencillamente le dicen al estudiante lo que la Biblia dice, en lugar de enseñarles cómo leer el texto sagrado con responsabilidad y frescura. Lo mismo sucede con muchos de los textos de teología, cuyo propósito es enseñarle al estudiante una lista de doctrinas ortodoxas, y los argumentos a su favor, más bien que enseñarles a pensar teológicamente.

En segundo lugar, con demasiada frecuencia la homilética se enseña siguiendo el mismo método. Aun cuando reconocen la posibilidad y el valor de distintas formas y prácticas de la predicación, la mayoría de los libros que hasta el día de hoy se emplean en tales cursos entre latinos ofrecen estructuras rígidas, y algunos hasta proveen bosquejos de sermones. (De hecho, los libros de bosquejos de sermones y de ilustraciones clasificadas según los tópicos para los cuales sirven se venden muy bien entre los predicadores hispanos).

En tercer lugar, aun en las escuelas más avanzadas que se enorgullecen porque dicen emplear métodos más sofisticados de estudio bíblico, la tarea hermenéutica ha sido descuidada. Quienes proponen el método histórico-crítico, o cualquiera de sus variantes posteriores, frecuentemente han parecido dar a entender que tales métodos nos dirán lo que el texto dice, al parecer olvidándose de que el sentido de un texto siempre es sentido *para el lector*. Como resultado, aun en aquellas escuelas que dicen fomentar una «lectura crítica» del texto bíblico, esto se entiende normalmente dentro de los límites estrechos de las experiencias y perspectivas de quienes enseñan. Tal lectura «crítica», precisamente porque pretende ser completamente objetiva, tiende a excluir cualquier otra lectura como «acrítica» o quizá «precrítica».

En cuarto lugar, también en esas escuelas supuestamente más avanzadas, así como en muchas de las iglesias que han servido de modelo para los predicadores y predicadoras latinos, por décadas se ha predicado prácticamente haciendo caso omiso de las Escrituras. La predicación se ocupaba principalmente de valores culturales disfrazados de principios bíblicos. Con ello se implicaba que la Biblia tenía poco que decir de nuevo, y que por lo tanto luchar con un texto con los pies firmemente colocados en la situación propia del lector no daría grandes resultados.

La consecuencia de todo esto ha sido que, no importa cuál sea el nivel de su educación, muchos (quizá la mayoría) de los predicadores hispanos son bastante tradicionales. Algunos son fundamentalistas y otros liberales; pero ninguno de los dos grupos se enfrenta genuina y abiertamente a la Escritura y a la teología a fin de escuchar palabra nueva que llevar a sus congregaciones.

Por otra parte (y ello es lo que verdaderamente nos interesa aquí) hay un grupo creciente de predicadores hispanos que se acercan al púlpito de un modo radicalmente distinto. No importa cuál sea el nivel de su educación, pues existen tales predicadores tanto entre los graduados de seminarios como entre quienes tienen escasísimos estudios formales, tales predicadores toman con toda seriedad la situación en que se encuentra su pueblo, y a partir de ella leen el texto bíblico con nueva apertura.

Todo esto no es tan ajeno a la religiosidad popular hispana, ni tan radicalmente nuevo, como podría parecer. Aunque a los hispanos protestantes se nos ha enseñado a encontrar en la Biblia ciertas cosas y no otras, también se nos ha enseñado a leer la Biblia, no como un documento muerto, sino como palabra viva. Hasta los más conservadores, al abrir la Biblia, esperan escuchar algo nuevo. Es por ello que la abren y la leen con regularidad y constancia. Aunque es cierto que ese «algo nuevo» que esperan encontrar frecuentemente se limita a las interpretaciones tradicionales que les enseñan a leer la Biblia en términos de religiosidad privada y de moral individual, también es cierto que la expectativa de que la Biblia verdaderamente les va a hablar provee una oportunidad para que surjan nuevas lecturas e interpretaciones.

Todo esto no se limita a la teoría. Ciertamente, la razón porque las nuevas formas de predicación se reciben generalmente bastante bien en medio de las congregaciones latinas es precisamente que esas congregaciones esperan que la Biblia hable, y lo que el predicador está haciendo, si lo hace bien, sencillamente es permitirle que hable de un modo nuevo a nuevas circunstancias.

También es importante señalar que reinterpretar una tradición o un texto no quiere decir abandonarlos, sino todo lo contrario, pues lo que se hace en tal caso es darles a esa tradición o ese texto la suficiente autoridad y libertad para hablarnos hoy en nuestra situación presente. En otro trabajo, he comparado tal situación con la de diversas personas que todas miran el mismo paisaje.[1] El paisaje está dado, está ahí, y no puede manipulársele según los deseos de cada cual. Empero ese mismo paisaje nunca es visto sino desde una perspectiva específica. Toda vista del paisaje lleva el sello de la posición desde la que se le mira. Y sin embargo, pocos se atreverían a sugerir que tal diversidad de perspectivas niega la realidad o la autoridad final del paisaje.

Un número siempre creciente de predicadores hispanos está percatándose de tal situación, y afirmándola. A muchos se nos ha enseñado a mirar al paisaje desde una perspectiva que no es la nuestra. Se nos ha dicho lo que la Biblia dice, y también se nos ha dicho, quizá más sutilmente, que eso es todo lo que dice. Luego, indirectamente se nos ha disuadido de leer la Biblia y sus doctrinas desde nuestra propia perspectiva, llegando a interpretaciones verdaderamente nuestras. El resultado ha sido una predicación poco auténtica. Es como si un pintor colocado en el fondo de un valle intentase pintar el paisaje desde la cima de una montaña. Tal predicación, y la teología que se encuentra tras ella, son bastante comunes en el púlpito hispano, pues caracterizan al primero de los dos tipos de predicadores que he descrito más arriba.

II. LA NUEVA FORMA DE NUESTRA TEOLOGÍA

Los predicadores cuyo trabajo tratamos de describir aquí son precisamente aquellos que han descubierto que mirar al paisaje de una manera diferente no es sólo posible, sino también necesario si nuestra predicación ha de ser auténtica. Tales predicadores se acercan a la Biblia al menos con tanto respeto como cualquier otro predicador, pero también con cierta medida de suspicacia hacia lo que se les ha dicho que la Biblia dice. De igual modo, se acercan a la teología y a cualquier punto de doctrina con la misma sospecha, preguntándose qué perspectivas particulares refleja una postura doctrinal o teológica cualquiera.

---

1 Justo L. González, *Santa Biblia: The Bible Through Hispanic Eyes* (Nashville: Abingdon, 1996), pp.11-21.

Es posible argumentar que tal actitud tiene sólidas bases teóricas, al menos bajo los encabezados de la doctrina de la encarnación y del canon escriturario.

La doctrina central de la fe cristiana es la doctrina de la encarnación. Hace largos siglos, comentando acerca de cómo el neoplatonismo le había abierto el camino hacia la fe cristiana, Agustín dijo que en los escritos de los neoplatónicos había encontrado buena parte de las afirmaciones del prólogo al Cuarto Evangelio. Allí encontró que al principio era el Verbo, y que el Verbo era con Dios, y hasta que el Verbo era Dios. También encontró en aquellos escritos la afirmación de que fue a través del Verbo que todas las cosas fueron hechas, y que ese Verbo es la luz de la humanidad, que alumbra a toda persona que viene al mundo. Empero, Agustín concluye: «lo que no encontré allí fue que el Verbo se hizo carne y habitó entre nosotros.»[2] En otras palabras, que la doctrina que es única y característica de nuestra fe es precisamente ésta de que Dios mismo se nos revela y nos salva viniendo a ser uno de nosotros.

Esto implica que para que una teología sea verdaderamente cristiana ha de ser teología encarnada. E implica también que ha de tomar carne en cada cultura y condición humana, en cada tiempo y circunstancia. Aun cuando la fe cristiana ciertamente es una a través de las edades y en todos los lugares, no puede entendérsele, ni tampoco expresarla o vivirla, sino en mil modos diferentes, según cada tiempo y circunstancia. De ahí la importancia de tener en cuenta el carácter contextual de toda teología; y de ahí también la necesidad de que el púlpito hispano vea los antiguos textos de modos nuevos, y las doctrinas tradicionales de la teología desde su propia perspectiva, para ser verdaderamente una teología encarnada.

El segundo encabezado teológico que sirve de fundamento para nuestra propia lectura del texto es el canon mismo de las Escrituras. El hecho de que el Nuevo Testamento incluye cuatro evangelios diferentes, pero que todos dan testimonio de la misma verdad, muestra que la necesidad de tomar en cuenta la perspectiva del observador, y hasta varias perspectivas diferentes, es asunto central en el modo en que la Biblia entiende y presenta la verdad.[3] De igual modo que

---

2 *Confesiones*, 7.9.

3 Esto se discute más detenidamente en Justo L. González, *Out of Every Tribe and Nation: Christian Theology at the Ethnic Roundtable* (Nashville: Abingdon, 1992), pp. 18-26. Allí se discute el modo en que la idea misma de «catolicidad» que

hay un evangelio «según Mateo» y otro «según Lucas», y sin embargo ambos dan testimonio del mismo Evangelio, así también cada uno de nosotros ha de predicar el Evangelio desde nuestra propia perspectiva, y encarnándolo en nuestra propia situación.

a. Una teología nuestra

Estos dos elementos centrales, la encarnación y el canon, señalan al carácter mismo de la teología que le da forma al púlpito hispano en los Estados Unidos. Ha de ser una teología que sea nuestra al mismo tiempo que no deje de ser universal. Tristemente, lo que frecuentemente se llama universal no es más que la perspectiva de la mayoría, o de quienes tienen el poder de definir y dirigir, y entonces les imponen sus propias perspectivas a los demás. Esto puede verse en varios contextos muy diferentes. Por ejemplo, cuando los hombres hacen teología, se refieren a lo que producen como «teología»; pero cuando son las mujeres las que hacen teología, se les da a lo que producen el título de «teología femenina». Lo cierto es que la teología masculina ha sido tan afectada por nuestro propio género como lo ha sido la teología femenina. Sin embargo, una de ellas implícitamente reclama para sí el título de «universal» siguiendo el sencillo método de darle a la otra un nombre según su particularidad. Luego, al decir que nuestra teología ha de ser «universal», lo que queremos decir es que ha de ser «católica»: que ha de tener lugar para la variedad de experiencias y perspectivas que todas juntas constituyen la catolicidad de la iglesia.

La teología que se enseña en nuestros seminarios y cursos de estudios, la teología que se lee en la mayoría de nuestros libros de texto, la teología que hemos recibido de nuestros antepasados en la fe, bien puede ser muy buena en otros contextos. Posiblemente también fue buena en nuestro contexto hace algún tiempo. Pero no es nuestra. Es una teología que debemos conocer y respetar, ya que

---

la iglesia antigua utilizó para describir su canon del Nuevo Testamento, incluye tal diversidad de perspectivas. También se menciona que algo parecido puede decirse acerca del Antiguo Testamento y de la Biblia como un todo. Existe una versión castellana, pero algo resumida, del mismo documento en *Desde el siglo y hasta el siglo: Esbozos teológicos para el siglo XXI* (Decatur, GA y México, D.F.: AETH y Ediciones STPM, 1997).

somos parte de un solo cuerpo de Cristo. Pero si sencillamente la aceptamos en masa, sin hacernos pregunta alguna, puede ser enajenante y contraproductiva a la práctica pastoral que buscamos implementar.

b. Una teología de afirmación

En segundo lugar, esta teología que es nuestra, precisamente por el hecho de ser nuestra, también ha de ser una teología de afirmación. Lo que esto quiere decir es que hemos de examinar nuestras interpretaciones y textos teológicos fundamentales para ver cuántos de ellos, en lugar de afirmar nuestro derecho y nuestro deber de ser quienes somos, nos los niegan. El predominio de esa teología ha tenido como resultado una predicación que parece gozarse en mostrarle a la audiencia su indignidad y su incapacidad, y entonces emplear esto como base para llamar al arrepentimiento y a la conversión hacia Dios. Esto puede ser muy saludable para quienes, precisamente porque pertenecen a la cultura dominante, costantemente reciben mensajes, tanto directos como indirectos, en el sentido de que su cultura es buena, lo mismo es su estilo de vida. Pero no resulta tan saludable para quienes, de mil maneras distintas cada día, escuchan que no son como deberían ser, que su lenguaje no es correcto, que su cultura no conduce a la democracia, que han de aprender mucho de la cultura dominante, que si son pobres se debe a sus propias faltas, etc.

El mensaje que se escucha de buena parte de la teología dominante es contraproducente en lo que se refiere a una praxis pastoral en nuestros barrios y entre nuestra gente. Basta con encender el receptor de televisión o de radio para escuchar a algún supuesto evangelista proclamar las noticias supuestamente buenas de que no somos más que gusanos inmundos, y que nada valemos. Lo que escuchamos por la radio y televisión se fundamenta en toda una tradición teológica que parece pensar que la mejor manera de exaltar a Dios es criticar y degradar a la criatura humana, como si Dios fuese más mientras menos yo sea.

Aunque frecuentemente pensamos que tales actitudes van unidas a los predicadores de «azufre e infierno», lo cierto es que hay mucho en la cultura dominante y en las iglesias tradicionales de centro que, aunque aparenta ser otra cosa, conlleva el mismo resultado. En esas otras iglesias no se nos dirá que somos «gusanos inmundos»; pero ciertamente se nos dirá que no hemos de pensar de nosotros mismos más altamente de lo que debemos. Ciertamente, en muchos casos es bien posible que los predicadores se estén predicando a sí mismos, y que la tentación hacia un orgullo excesivo se deba a su propia posición como dirigentes en la vida eclesiástica, al mismo tiempo que no se dan cuenta de que algunas personas en su propia congregación pueden estar pecando contra Dios, no pensando de sí mismas con demasiado orgullo, sino negando su propio valor y su propia estima, para de ese modo no tener que responder al llamado de Dios a una vida y ministerio renovados.

Lo triste de todo esto es que al visitar algunas de nuestras iglesias latinas escuchamos sermones en los que los pastores proclaman la indignidad de hermanas y hermanos que viven en apartamentos inadecuados, llenos de ratas y cucarachas, o quienes no tienen más que un techo de cartón para protegerles de los elementos, y nada que se les proteja de «la migra».[4] ¡Y con todo y eso nos atrevemos a decir que les estamos dando a tales personas las «buenas nuevas» de que no valen nada, y de que son gusanos indignos! También escuchamos sermones sobre el sufrimiento y la resignación, y sobre cómo no hemos de resistir a quienes actúan contra nosotros con violencia, al mismo tiempo que estamos sentados junto a una mujer cuyos ojos están todavía amoratados debido a los golpes recibidos de su esposo.

Y lo más interesante de todo es que ese buen señor que nos dice en la televisión que no valemos mucho está muy bien vestido y bien alimentado, y hasta se atreve a decirnos que ello se debe a que sirve a Dios. Y no hablemos solamente de los evangelistas de programas televisados; lo mismo es cierto de muchos pastores de grandes iglesias que se sienten ofendidos si no se les muestra el respeto debido.

En resumen, los hispanos esperan recibir del púlpito una teología de afirmación. Tal teología ha de volver a leer cada encabezado doctrinal desde la perspectiva de la comunidad latina, preguntándose cómo afirma o niega el amor de Dios hacia nosotros, y luego reinterpretando ese encabezado a la luz de nuestra perspectiva. De igual modo, tal teología ha de acercarse al texto bíblico con un espíritu y metodología semejantes.

---

4 Ese es el nombre que los hispanos le dan al Servicio de Inmigración y a la Patrulla Fronteriza.

Quizá unos pocos ejemplos ayuden a aclarar el espíritu y la metodología de tal teología en situaciones concretas:

i. Frecuentemente se nos ha dicho que la razón de la caída en Génesis fue que los seres humanos querían ser como Dios. Empero cuando leemos la Biblia desde una nueva perspectiva, preguntándonos acerca del valor de la persona y de nuestra propia estima, nos damos cuenta de que el Génesis, donde la serpiente le dice a la primera pareja humana que serán como Dios, también nos ha dicho antes que ya eran como Dios, quien les hizo a su imagen y semejanza (Génesis 1: 26-27). Por lo tanto, quizá la tentación primigénea y fundamental no sea querer ser como Dios, sino más bien olvidar que ya somos como Dios, y al mismo tiempo invitar a otros a olvidar esa realidad. Quizá entre iglesias ricas y poderosas sea necesario alertar a las personas contra el pecado del orgullo excesivo, que les lleva a creer que lo que tienen y lo que son se debe a que de algún modo se lo han ganado. Empero en nuestras iglesias y nuestros barrios frecuentemente es mucho más necesario recordarles a las personas que han sido hechas según la imagen de Dios, y que quienes las violan, oprimen o humillan violan, oprimen y humillan a la imagen misma de Dios.

ii. Los teólogos y predicadores hispanos en los Estados Unidos también nos están invitando a abandonar la idea no bíblica, pero que frecuentemente aparenta serlo, según la cual el aspecto más importante del ser humano es la vida intelectual, y que la única función del cuerpo es servir de fundamento a esa vida intelectual. Es en base a esa idea que llegamos a imaginar que quien se dedica a programar computadoras, el director ejecutivo de una gran empresa, o quien es profesor de teología, son más dignos y por lo tanto han de vivir en posición más acomodada que quienes se dedican a recoger lechuga o a lavar ropa. El origen de tales opiniones se encuentra en la idea platónica de la superioridad del intelecto por encima del cuerpo. Empero no olvidemos que el propio Platón aclaró que la filosofía es la ocupación de los desocupados, es decir, de aquellos que tienen tiempo para pensar porque no necesitan trabajar. Quienes no necesitan trabajar tienen otros que trabajan en su lugar. En Atenas, esos otros eran los esclavos, las mujeres y los obreros pobres. Hoy, en la sociedad norteamericana, son quienes lavan platos, recogen lechuga, y limpian los cuartos en los hoteles. En su mayoría, tales personas son de origen hispano. Nuestra teología, como teología de afirmación, ha de afirmar el valor de toda la vida humana, física tanto como intelectual y espiritual. Ha de afirmar que es tan importante lavar platos, como dirigir una corporación; recoger lechuga, como escribir libros; predicar desde el púlpito, como cuidar a un pariente enfermo.

c. Una teología de solidaridad

En tercer lugar, esta teología que es nuestra y que nos afirma también ha de ser una teología de solidaridad. Debido a una serie de razones históricas, económicas y sociales que no es posible discutir aquí, buena parte de la teología cristiana quedó esclavizada a un individualismo que contradice muchos de los valores fundamentales tanto de la Biblia como de nuestras tradiciones culturales. En medio de una cultura en la que se daba por sentado que se era cristiano por nacimiento, y reaccionando contra ese error, surgió una teología que de tal modo subraya la relación del individuo con Dios que se olvida del carácter comunitario, no sólo de la fe, sino de los propósitos mismos de Dios.

Es por ello que hablamos de *mi salvación*, de conocer a Jesucristo como *mi salvador personal*, de lo que Dios ha hecho *para mí*. Todo esto es cierto y de suma importancia. Pero si nos olvidamos de *nuestra* salvación, *nuestro* Señor, y lo que Dios ha hecho para *nosotros*, estamos abandonando una dimensión importantísima del Evangelio de Jesucristo. Por algo fue que cuando sus discípulos le pidieron a Jesús que les enseñase a orar El les dijo: «Vosotros pues orareis así: Padre nuestro....» Y es por ello que hasta el día de hoy los creyentes, al acercarse al trono, aunque parezcan estar solos, han de orar, «Padre *Nuestro*». Quienquiera le ore a este Dios nuestro, nunca está solo. Ni siquiera está solo con Dios. Siempre estamos con Dios y con nuestra comunidad, como partícipes de ella, elevándola en oración al trono de la gracia.

Esta teología de la solidaridad se ha de manifestar también en el modo en que entendemos los distintos encabezados doctrinales. Como en el caso de la teología de afirmación, algunos ejemplos pueden ser útiles.

i. La doctrina de la iglesia ha de tener un lugar central en una teología que subraye la solidaridad. Empero la eclesiología más común entre nuestro pueblo, y la que hemos aprendido de la cultura que nos rodea, al mismo tiempo que se disfraza de solidaridad, es en realidad individualista. Se nos dice repetidamente que necesitamos la iglesia. Pero se nos dice de tal modo que entendemos que el propósito de la iglesia es fortalecer la fe de cada individuo. La meta final no es la iglesia, la comunidad de creyentes, sino más bien el individuo, yo. Es por ello que decimos que sin la iglesia no podemos ser cristianos, lo cual es indudablemente cierto. Pero al decir tal cosa estamos dando por sentado que lo más importante es que cada uno de nosotros sea cristiano, que lo que Dios quiere es crear un gran número de cristianos individuales, y que con ese propósito Dios nos da la iglesia como punto de apoyo y sostén en la fe.

Esto es paralelo al modo en que la cultura dominante en los Estados Unidos entiende el propósito de la sociedad. La sociedad no es un bien en sí misma, sino un instrumento para el bienestar de los individuos. Si le fuese posible al individuo sobrevivir, tanto física como mentalmente, sin la sociedad, esta última no sería necesaria. En esa cultura, hasta cuando se ataca al individualismo, resulta ser que el valor último es el individuo. Así, por ejemplo, se nos dice que el individualismo excesivo es malo porque nos priva de los valores sociales sin los cuales es imposible producir individuos fuertes y sanos.

Algo parecido sucede con buena parte de nuestra eclesiología. Decimos que la iglesia es necesaria, no porque ella misma sea objeto del amor de Dios y parte del plan divino, sino más bien porque es la incubadora que produce y nutre a los creyentes individuales. Luego, aun cuando decimos estar criticando el individualismo que predomina en la cultura circundante, seguimos siendo prisioneros de ese individualismo.

Empero en el Nuevo Testamento la iglesia es mucho más que un conglomerado de individuos fieles que se reúnen para apoyarse y guiarse mutuamente. La iglesia es el cuerpo de Cristo. La iglesia es el modo en que Cristo existe actualmente en el mundo. Primero es el cuerpo, y luego los miembros. Aunque el cuerpo nutre a los miembros y les da vida, el cuerpo no vive por los miembros, sino viceversa. Si esto es cierto, al mismo tiempo que debo darle gracias a Dios por mi salvación, debo sobre todo darle gracias a Dios por nuestra salvación, por la salvación de la iglesia, por el hecho de que, en este mundo de pecado en que todos participamos, también podemos ser parte de una nueva creación, de un nuevo cuerpo que se nutre de una nueva realidad; en breve, del cuerpo de Cristo.

ii. Posiblemente uno de los puntos en los que nuestra teología de afirmación solidaria pueda hacer una contribución importante al resto

de la iglesia en la sociedad dominante es precisamente en el modo
en que entendemos el valor de la comunidad, y particularmente en lo
que se refiere a nuestra visión de la familia. En la cultura dominante,
la familia es un núcleo cerrado, con fronteras claramente definidas,
y por lo tanto claramente distinguible de cualquier otro grupo familiar.
Luego, aunque la idea de familia en esa cultura no es individualista
en el sentido de que cada persona tenga que valerse por sí misma, sí
es privatizante en el sentido de que cada familia es un núcleo individual dentro del cual cada persona ha de buscar el bienestar de ese
núcleo particular. Empero, en la cultura latina la familia se entiende
de una manera muy diferente. La familia es una realidad extensa,
fluida, con límites imprecisos, que incluye a parientes en todo grado
de consanguinidad. Es por tanto posible y hasta inevitable pertenecer
a más de una familia. Luego, cuando en la cultura dominante
anglosajona se habla de la relación entre la familia y la iglesia, la
iglesia se ve como una congregación o conglomerado de familias, de
igual modo que la sociedad es un conglomerado de individuos. En
contraste, en la cultura hispana la iglesia es una familia. Tal visión
se refuerza por cuanto buena parte de nuestro pueblo, acostumbrada
como estaba a las familias extensas de sus países de orígenes, siente
una profunda necesidad de reestablecer la calidad de relaciones que
tal familia ofrece. Quizá nuestra tarea sea redescubrir y redefinir lo
que quiere decir eso de que la iglesia es la familia de Dios. Empero
eso ha de discutirse en otro ensayo.[5]

d. Una teología de subversión escatológica

En cuarto lugar, en fin de cuentas esta teología nuestra, de afirmación y solidaridad, también ha de ser una teología de subversión
escatológica. La escatología ha quedado prácticamente abandonada
por la iglesia de la cultura dominante, porque les parece no ser más
que cuestión de fanatismo e intolerancia. Es cierto que en muchas de
nuestras iglesias hispanas se enseña una escatología que provee fun-

---

5 Véase «In Quest of a Protestant Hispanic Ecclesiology,» en José David
Rodríguez y Loida I. Martell-Otero, editores, *Teología en Conjunto: A collaborative
Hispanic Protestant Theology* (Louisville: Westminster John Knox Press, 1997),
pp. 80-97.

damentos para tal estereotipo, puesto que se trata de una escatología dispensacionalista, que frecuentemente lee la Biblia como si se tratase de un rompecabezas o enigma que sólo puede ser resuelto por quien tiene la clave secreta.

Empero, el hecho de que haya mala escatología no quiere decir que toda la escatología sea necesariamente mala. Al contrario, la escatología es un elemento absolutamente necesario de la fe bíblica, y por lo tanto la teología que ha de servir como base para la predicación hispana y para la praxis pastoral hispana ha de ser escatológica.[6]

Lo que todo esto quiere decir es que nuestra teología ha de ser teología de esperanza. Tristemente, en muchos de los estereotipos tradicionales se piensa que la escatología es cuestión de miedo, cuando en realidad es cuestión de esperanza. Empero no se trata de cualquier clase de esperanza, sino de una esperanza que continúa firme aun a pesar de todas las señales negativas y de desaliento que recibe de la sociedad presente y de su orden, y que pretenden convencernos que no hay razón alguna para tener esperanza.

Por muy extraño que parezca, el hecho es que la mayoría de nosotros no vivimos a partir del pasado, sino a partir del futuro que esperamos. Al menos, así debería ser entre los creyentes en Jesucristo. Vivimos a partir del futuro que esperamos, de la esperanza que abrigamos, del propósito que le da sentido a la vida toda. Es así que nos guiamos en la vida diaria, donde tomamos un rumbo según el lugar a donde esperemos llegar. Lo mismo sucede en la vida en su totalidad. Nuestra teología ha de incluir una escatología subversiva, porque tiene que expresar y producir entre nuestro pueblo una esperanza firme en un futuro que será diferente del presente, en un orden de justicia y de paz, en una sociedad de equidad y solidaridad. O, como el profeta lo diría, nuestra teología ha de esperar un nuevo orden en que ya no se ensayaran más para la guerra, sino tornarán sus espadas en azadones y se sentará cada cual debajo de su propia higuera, y nadie les infundirá temor (ni siquiera «la migra»).

---

6 Sobre este punto, el libro de Samuel Pagán, *Su presencia en la ausencia* (Miami: Editorial Caribe, 1993) es un buen ejemplo de lo que los teólogos hispanos están haciendo. Pagán ofrece una reinterpretación del exilio desde una perspectiva hispana, y utilizando los recursos de una teología de la esperanza.

Es a partir de ese futuro, y solamente sobre la base de ese futuro, que nuestro pueblo se atreverá a vivir como quienes somos, como hijas e hijos del Gran Rey, como herederos del único Señor, o, como diría Don Quijote, como siervos de Dios y brazos por los que se ejecuta su justicia.

III. EL TEXTO QUE NOS INTERPRETA

El propósito de todo esto no es sencillamente alcanzar una comprensión más profunda del texto bíblico, ni tampoco aprender algo más sobre algún punto de doctrina. La verdadera razón por la cual resulta importante interpretar un texto de la Biblia es que el texto a su vez nos interpreta a nosotros. En útima instancia, lo importante no es lo que descubramos en el texto, sino más bien lo que el texto descubre en nosotros. Cualquier relectura desde una perspectiva hispana del texto bíblico o de alguna doctrina teológica tiene importancia porque se refiere a cuestiones que son cruciales para la comunidad hispana.

Esto es de suma importancia. Los predicadores cuyo trabajo describimos aquí no leen las Escrituras con el propósito de encontrar en ellas un nuevo significado rebuscado, sino más bien a fin de encontrar nuevas verdades acerca de sí mismos, de sus congregaciones, de sus comunidades y del mundo en su totalidad. Una vez más, hay que recalcar que en la comunidad de fe hispana la Biblia es Palabra viviente, cuyo poder se encuentra precisamente en que nos confronta con la verdad de Dios de un modo que no podríamos hacer por nosotros mismos. Cuando abro la Biblia para comenzar a preparar un sermón, lo que espero no es sencillamente descubrir en el texto algo que no había visto antes, sino también que el texto me ayude a ver mi realidad y la de quienes me circundan bajo una nueva luz. La interpretación bíblica no es es última instancia acerca del texto bíblico, sino de la comunidad en la que la interpretación tiene lugar, y que a su vez resulta interpretada por el texto.

IV. LA CUESTIÓN DE LA CULTURA Y EL IDIOMA

Uno de los temas más discutidos en esa comunidad hispana en los Estados Unidos es la cultura y el idioma. Puesto que esto se refiere en buena medida al acto mismo de predicar el sermón, volveremos sobre ello en el capítulo 5. Empero es importante señalar también que estos temas afectan también la tarea hermenéutica, sobre la cual trataremos en el capítulo 4.

La cultura es importante para nosotros, ante todo, porque es nuestra primera fuente de identidad. Pero es un tema complejo. Es complejo en primer lugar porque las culturas no tienen fronteras fijas ni claramente determinadas. En el caso de los hispanos en los Estados Unidos, al mismo tiempo que en cierto sentido todos pertenecemos a la misma cultura, en otros sentidos somos una comunidad dentro de la que existen diversas culturas —que frecuentemente, por propósitos de claridad, se llaman sub-culturas— que esas culturas reflejan nuestros diversos países de origen. Las comidas tradicionales, y particularmente el modo en que se sazonan, son diferentes. Aunque el idioma es el mismo, su ritmo varía, así como muchas palabras. Las costumbres sociales también difieren unas de otras. Y sin embargo, al compararnos con la cultura dominante en los Estados Unidos, todas estas diversas culturas latinas tienen mucho en común, y por lo tanto es posible referirse a ellas como una sola cultura. Lo que es más, es en los Estados Unidos que estas culturas se encuentran y entremezclan de un modo que no ocurre en la América Latina misma y por lo tanto tienden a producir una nueva cultura a la que todas contribuyen. Hay una nueva cultura hispana en formación en los Estados Unidos, y esa cultura, al mismo tiempo que recibe algo de las diversas sub-culturas hispanas, es única y distinta de todas de ellas.

Otro elemento que hay que tener en cuenta es que la cultura hispana en los Estados Unidos existe dentro del contexto de otra cultura; de otra cultura que domina a las demás no solamente porque es mayoritaria, sino también porque tiene en sus manos los medios de comunicación, educación, y distribución de poder. Por lo tanto, la cultura latina en los Estados Unidos está evolucionando de tal modo que llegará a ser diferente de cualquier cultura en España o en América Latina, y también diferente de la suma de todas esas culturas.

Todas estas cuestiones son importantes para el púlpito hispano, porque son importantes para la iglesia y la comunidad hispanas. ¿Será acaso la función de la iglesia preservar la cultura? No importa cómo respondamos teóricamente a esa pregunta, el hecho es que para muchos hispanos en los Estados Unidos esto es ciertamente parte de la función de la iglesia. Excluidos como están de la mayor parte de los centros donde se toman decisiones, tales como la política, la economía y la educación, los hispanos frecuentemente ven su campo de acción limitado a la congregación, y por lo tanto dentro de esa congregación tratan de asegurarse de que se conserven el idioma y la cultura tradicionales. Resulta obvio que esto lleva a conflictos intergeneracionales, por cuanto frecuentemente la generación más joven no aprecia el que se le trate de obligar a hablar y actuar de manera diferente a sus compañeros en la cultura circundante.

Sería harto sencillo decir que la función de la iglesia no está en conservar o defender una cultura particular. Hasta cierto punto esto es verdad. Empero, hay otras consideraciones que complican el asunto. Si, como se dijo anteriormente, nuestra teología ha de ser de afirmación, y la cultura es un elemento importantísimo de quienes somos, ¿cómo puede afirmársenos sin afirmar nuestra cultura? Esto resulta particularmente cierto de aquellos cuya cultura y tradiciones se ven repetidamente soslayadas y hasta despreciadas por la cultura dominante. Luego, la cultura es una cuestión candente para el púlpito así como para la iglesia hispana en general.

Esto a la vez tiende a darle importancia primordial a la cultura como paradigma para leer las Escrituras, y para predicar de ellas. El paradigma del mestizaje, que Virgilio Elizondo ha propuesto y que ha sido entusiastamente recibido entre los predicadores y teólogos hispanos, es precisamente un paradigma cultural.[7] Este paradigma nos ayuda a entender el carácter mestizo de nuestra cultura. También nos ayuda a ver por qué y cómo se nos margina, y cómo esa misma marginación puede ser fuente de creatividad. Sobre la base de ese paradigma, hay varios elementos en la narración bíblica que cobran nuevos sentidos. El mismo Elizondo interpreta la relación entre los galileos y los judios de Judea desde la perspectiva del mestizaje, y ha mostrado que esta es una vía hermenéutica fructítera.

El tema de la cultura aparece repetidamente en la predicación hispana. Aparece ante todo implícitamente, puesto que a cada momento tenemos que decidir qué idioma emplear, y cómo (tema sobre el

---

7 Virgilio Elizondo, Mestizaje: *The Dialectic of Cultural Birth and the Gospel* (San Antonio: Mexican American Cultural Center, 1978); *Galilean Journey: The Mexican American Promise* (Maryknoll, NY: Orbis Books, 1983); *The Future is Mestizo: Life Where Culture Meet* (Bloomington, IN: Meyer Stone Books, 1988). (El hecho mismo de que una vez se le llama «Virgil» y otras «Virgilio» es un ejemplo del modo en que el mestizaje funciona en los Estados Unidos.)

que volveremos en el capítulo 5). Pero también aparece explícitamente, puesto que buena parte de nuestra predicación se refiere a los retos de vivir en una cultura ajena, y también al grado en que deberíamos o no amoldarnos a esa cultura. Puesto que esto es también tema específico de buena parte de la hermenéutica hispana, también se tocará en el capítulo 4.

V. FACTORES SOCIALES, ECONÓMICOS Y POLÍTICOS

La cultura no es la única dimensión de nuestra vida social que impacta al púlpito hispano. También hay otras cuestiones sociales, económicas y políticas. Por lo general, la condición social y económica de la mayoría de los hispanos en los Estados Unidos es de marginación y falta de privilegios. Por varios años, según los informes del Censo Nacional, ha habido una constante en todas las estadísticas negativas tales como el desempleo, la pobreza, el bajo nivel de escolaridad, y otras cuestiones semejantes. Cualesquiera sean en un momento dado las cifras que se refieren a la población en general, la cifra para la población latina es siempre una vez y media esa cantidad. Así, por ejemplo, cuando la tasa de desempleo es del 8 por ciento, la del desempleo hispano es del 12; y cuando esa cifra baja al 6 por ciento, la cifra para la población hispana baja también al 9 por ciento. Lo mismo es cierto de estadísticas respecto a la población que vive bajo el nivel de pobreza, al número de niños y jóvenes que abandonan la escuela, a hogares destruidos, etc. Aunque en fecha bastante reciente esa relación ha comenzado a cambiar, hay quien duda que haya habido en realidad una mejoría, y piensa más bien que lo que ha sucedido es que el censo ha dejado de contar a los hispanos más marginados. Además es importante recordar que las estadísticas acerca del nivel de pobreza no tienen en cuenta el hecho de que muchos hispanos en Estados Unidos envían remesas de dinero a sus parientes en los países de origen, quienes dependen de ellos para la subsistencia. Puesto que la tasa de pobreza se determina en base a una relación entre los ingresos anuales de una familia y el número de personas que han de vivir con esos ingresos, si este factor se tomase en cuenta la tasa de pobreza hispana sería mucho mayor.

Todo esto impacta al púlpito. Lo impacta directamente, porque los predicadores tienen que estar conscientes de que buena parte de sus congregaciones viven bajo tales condiciones. También lo impactan como paradigma hermenéutico, paralelo al paradigma del mestizaje. De igual modo que los predicadores hispanos frecuentemente leen las Escrituras desde la perspectiva del encuentro entre culturas, también frecuentemente las ven desde la perspectiva de quienes conocen de cerca la pobreza y todas sus consecuencias.

Es en este punto que el púlpito hispano en los Estados Unidos ha recibido mayor influencia de las teologías de liberación latinoamericanas, para las que la perspectiva de los pobres ofrece un paradigma preferencial para la lectura de la Biblia. Buena parte de lo que los teólogos latinoamericanos de la liberación y los intérpretes bíblicos de semejante postura encuentran en la Biblia se relaciona entonces bastante de cerca con el púlpito hispano en los Estados Unidos. Una vez más, como ya se ha indicado, esto se hace de maneras diferentes dependiendo de la audiencia, puesto que unas veces los predicadores hispanos le predican a una congregación pobre del barrio latino, y otras veces a congregaciones relativamente adineradas de la cultura dominante. Empero tanto en un caso como en el otro la perspectiva de los pobres, y un intento de leer la Biblia desde esa perspectiva, se vuelve cada vez más característica del púlpito hispano.

No es necesario dar ejemplos, especialmente puesto que el capítulo que sigue se ocupará de manera más específica sobre cuestiones hermenéuticas. Empero sí es importante señalar que esto se hace con mayor efectividad cuando en lugar de ser el tema explícito del sermón, es una corriente (o un subtexto) que bajo la superficie permea todo lo que se dice. Esto implica, entre otras cosas, que si se escucha atentamente el tema de la pobreza y de la respuesta cristiana a ella aparece no solamente en sermones acerca de Amós o de la epístola de Santiago, sino también en sermones sobre el Padrenuestro, el Salmo 23 y las Bienaventuranzas. Precisamente porque se trata de un tema subyacente, la pobreza y todos los males que la acompañan se encuentran siempre presentes, aunque no salgan a la superficie.

VI. Inmigración y exilio

Otro tema fundamental para el púlpito hispano es la inmigración. Esto requiere algunas advertencias, puesto que a pesar de la opinión común la mayoría de los hispanos en los Estados Unidos no son inmigrantes. Las cifras del censo repetidamente señalan que la mayoría de los hispanos en los Estados Unidos son ciudadanos de esa nación por nacimiento. Puesto que los puertorriqueños, aun cuando nazcan en la isla, son ciudadanos norteamericanos, es cierto que algunas de estas personas que se consideran ciudadanas por nacimiento son sin embargo inmigrantes de otra cultura. Empero hay que recordar también que cuando se dan estas cifras el censo no cuenta a los cuatro millones de habitantes de Puerto Rico, y que aun aparte del número de puertorriqueños que hayan emigrado hacia los Estados Unidos la mayoría de los hispanos norteamericanos lo son por nacimiento.

Es importante subrayar este punto, puesto que la idea prevaleciente en la cultura dominante, según la cual la mayoría de los hispanos son inmigrantes recientes, es un estereotipo. Ciertamente, a los inmigrantes recientes se les distingue más porque no hablan inglés tan bien como los otros, y también porque viven en comunidades compuestas mayormente de inmigrantes. Así, por ejemplo, hay barrios en la ciudad de Nueva York que son casi totalmente dominicanos, y otros en Los Angeles que son salvadoreños. Porque se les ve más, la población en general tiende a pensar que constituyen la mayoría del pueblo hispano. Además, por razones políticas y de otra índole, los medios de comunicación masiva tienden a centrar la atención sobre quienes cruzan la frontera y sobre los inmigrantes indocumentados. Es por motivo de esa mala información que la población en general piensa que la mayoría de los hispanos han llegado al país recientemente, y que el crecimiento en la población hispana se debe a la inmigración reciente.

Aunque esa inmigración ciertamente ha contribuido al crecimiento de la comunidad hispana, el hecho es que la mayor parte del crecimiento de esa población se debe a la fertilidad y a la juventud de la población hispana. El índice de fertilidad entre los hispanos es notablemente superior al del resto de la población. Al presente, la tasa de crecimiento (fertilidad menos mortandad) entre los hispanos alcanza casi al 3% por año. La importancia de esa cifra resulta obvia con sólo señalar que el crecimiento durante los años de lo que se llamó la explosión demográfica en los Estados Unidos era el 1.8%. Ciertamente, el índice de crecimiento entre los hispanos está bajando, de modo que para el año 2020 se espera que alcance la cifra de 1.8%. Empero ya para esa fecha la población total de los Estados Unidos estará aumentando muy levemente, y para el año 2040 alcanzará un índice de crecimiento de cero. En esa fecha, la tasa de crecimiento hispano, aun aparte de la inmigración será de 0.9% anual. Luego, es errado pensar que la mayoría de los hispanos son inmigrantes, o que si se lograse cerrar la frontera esto le pondría coto al crecimiento de la población hispana.

Lo que es más, no todos los hispanos son inmigrantes, ni siquiera descendientes de inmigrantes. La anexión de Texas y de buena parte de lo que ahora son el Oeste y el Suroeste de los Estados Unidos trajo al país un buen número de personas de habla hispana cuyas familias habían vivido en estas tierras por generaciones. Estas personas no pasaron la frontera, sino que la frontera pasó por encima de ellos. Antes de la anexión, eran de nacionalidad mexicana; después, los inmigrantes de origen anglosajón que discriminaban contra ellos vieron en llamarles «mexicanos». Hasta el día de hoy sus descendientes, en muchos casos mezclados con otros hispanos y a veces con el resto de la población, se cuentan en millones.

Por todas estas razones, al referirnos a la inmigración como asunto crucial para el púlpito, es preciso entender esto en distintos niveles. Al nivel más superficial, la inmigración es importante porque buena parte de nuestras congregaciones, así como de nuestros predicadores, son inmigrantes. Se enfrentan entonces a todos los problemas y retos que confrontan a los inmigrantes. Necesitan trabajo, abrigo, relaciones, guía, ajustes físicos y emocionales, etc. También tienen que aprender el inglés, al menos al punto necesario para encontrar empleo. Si carecen de los documentos que les declara inmigrantes «legales», constantemente se enfrentan al temor de ser deportados. Esto a su vez les hace víctimas de la falta de servicios públicos (de muchos de los cuales no hacen uso, aunque tengan derecho, por temor a ser descubiertos), de la explotación por parte de sus patronos, etc. En muchas comunidades, la inmigración se ha vuelto también cuestión candente para los hispanos de más larga estancia en el país, quienes temen perder parte de sus empleos.

A un nivel más profundo, la inmigración y el exilio se vuelven tema importante para los hispanos, porque la mayor parte de nosotros, incluso los de tercera y cuarta generaciones, tenemos contactos familiares y emotivos con personas allende las fronteras de los Estados Unidos. Al tiempo que vivimos acá, y podemos estar completamente comprometidos con las cuestiones que preocupan a la población en general, tenemos vínculos en otros países. Y esto a su vez nos lleva a ver el mundo de una manera diferente. De igual manera que los irlandeses se ocupan de los temas de Irlanda, o los judíos de la política en Israel, los hispanos en los Estados Unidos se mantienen al tanto de la política, la literatura, y las noticias que vienen de América Latina. Esto crea cuestiones de identidad a las que hemos de volver en un momento, tras explorar el sentido más profundo en el que la inmigración es cuestión importante para el púlpito.

En ese sentido más profundo, la inmigración se vuelve importante porque, no importa donde hayamos nacido, ni tampoco por cuantas generaciones nuestros ancestros hayan vivido en estas tierras, todavía se nos hace sentir como inmigrantes. Hasta fecha relativamente reciente, se veían en el suroeste americano rótulos que decían «No se admiten mexicanos ni perros». Para quienes colgaban tales rótulos, el ser «mexicano» tenía poco que ver con el lugar donde se había nacido. En algunos casos un euroamericano que había llegado a Tejas unas pocas semanas antes podía colgar tal rótulo, excluyendo así a «mexicanos» cuyos ancestros habían vivido allí por varias generaciones. En tal caso, quien resultaba ser el inmigrante marginado no era el que había llegado último, sino quien había nacido en la tierra y se había formado en ella.

Aunque tal discriminación ha sido declarada ilegal, y la mayoría de la población se opone a ella y la condena, existen todavía otras formas de exclusión que les dicen a los hispanos que son inmigrantes en su propio país, no importa por cuánto tiempo ellos o sus ancestros hayan vivido en él. Todavía la historia de los Estados Unidos se cuenta comenzando por el nordeste y moviéndose hacia el suroreste, negando así la importancia de nuestros antepasados tanto indígenas como españoles. Todos estos eran parte del «oeste» que según la versión común fue «ganado» para la libertad y la civilización. Todavía en la mayor parte de los estudios avanzados en las universidades el saber francés o alemán se considera, no sólo una ventaja, sino hasta un requisito, y al mismo tiempo se piensa que el castellano no tiene valor alguno.

De todas estas maneras, y de muchas otras, se les hace sentir a los hispanos en los Estados Unidos que son inmigrantes. Negando realidades que deberían ser evidentes, no se les ve como uno de los principales contribuyentes a la cultura y civilización presentes, y tampoco se les invita a verse a sí mismos como tales.

Es en este sentido más profundo que los temas de la inmigración
y el exilio se vuelven cruciales para el púlpito hispano. A este nivel,
se vuelven cuestión de identidad, y la identidad es probablemente el
tema más urgente tanto para el púlpito como para la comunidad
hispana en general. Por un período de dos años, un grupo de hispanos
estudiosos de la religión, y miembros de varias iglesias protestantes,
se reunieron en la Escuela de Teología de Perkins, en la Universidad
Metodista del Sur, para un diálogo. Los resultados de esas conversa-
ciones muestran hasta qué punto la cuestión de la identidad resulta
central, al menos para los protestantes hispanos.[8] Los historiadores,
eruditos bíblicos, teólogos y sociólogos, llegaron todos a la conclusión
de que el tema que había aparecido repetidamente en sus diálogos era
éste de la identidad.

VII. La cuestión de la identidad

Resulta claro que el tema de la identidad tiene ciertas características comunes para todos los hispanos, y que al mismo tiempo se le
añaden ciertos elementos específicos según la iglesia o denominación
a que se pertenezca.

Por lo general, la identidad se vuelve tema candente para todos
nosotros porque todos somos, en un grado u otro, biculturales y
bilingües. En buena medida, esto es lo que nos define. Al tiempo que
algunos entre nosotros hablan muy poco español, y otros hablan muy
poco inglés, nuestra identidad como hispanos en los Estados Unidos
tiene mucho que ver con esa realidad bilingüe. Es posible que algunos
de nuestros hijos ya hablen muy poco español. Pero aun para ellos
esa lengua tiene todavía el poder afectivo del idioma que se escuchó
en la cuna. Otros prefieren hablar en español; pero si han de funcionar
en la sociedad en que viven se verán obligados a comunicarse en
inglés, por escaso que sea su conocimiento de esa lengua.

El carácter bilingüe y bicultural de nuestra comunidad se fomenta
y sostiene tanto por la inmigración continua como por los métodos
modernos de comunicación. La inmigración implica que constantemente nos relacionamos con personas recién llegadas, y esas personas

---

8 David Maldonado, Jr. ed. *Protestantes/Protestants: Hispanic Christianity
Within Mainline Traditions* (Nashville» Abingdon Press, 1999).

a su vez renuevan nuestras relaciones con nuestro idioma y cultura ancestrales. Los medios modernos de comunicación nos posibilitan escuchar la radio o mirar la televisión en español. Ciertamente, hay hispanos que han vivido en los Estados Unidos durante treinta años, y todavía prefieren ver las noticias en su idioma nativo, en parte porque tienen un matiz algo diferente, y en parte porque se relacionan más directamente con los temas y lugares que a ellos les interesan. De igual modo, la creciente facilidad en los viajes, tanto en lo que se refiere al tiempo como en lo que se refiere al costo, implica que muchos hispanos pueden regresar periódicamente a sus países de orígenes, y allí renovar sus relaciones con su cultura y lenguaje ancestrales. En tiempos más recientes, esa facilidad de comunicaciones ha aumentado gracias a la Internet, y la nueva facilidad para recibir noticias, comentarios y recursos culturales. Como resultado de todo ello, la comunidad hispana en los Estados Unidos, aún tras vivir en este país por generaciones, sigue siendo mayormente bilingüe y bicultural.

Para aquellos cuya tez más clara y rasgos físicos les hacen parecer europeos más bien que amerindios, la cuestión de la identidad se vuelve asunto de decisión personal. Tengo que decidir si se me ha de considerar como hispano o no. Quienes responden a esta respuesta afirmativamente, se inclinan entonces a cultivar su propio biculturalismo y bilingüismo.

Para aquellos cuyos rasgos fisionómicos muestran claramente que no son parte de la cultura dominante, ya sea porque tengan rasgos amerindios, o porque su trasfondo africano resulte evidente, el bilingüismo y el biculturalismo se vuelven medio para contrarrestar la presión de una cultura que repetidamente les humilla.

Empero también es necesario señalar que para muchos hispanos su carácter bilingüe y bicultural, al tiempo que nos provee un sentido de identidad, también hacen la cuestión de identidad mucho más compleja que para la población monolingüe y monocultural. A veces nos percatamos de que nuestros pensamientos fluyen de manera diferente en un idioma o en otro, o de que actuamos diferentemente dentro de un contexto cultural u otro. Esto nos lleva a plantearnos con urgencia y hasta con dolor la pregunta de quién soy yo o quiénes somos nosotros.

El tema de la identidad religiosa añade otro factor. Para los hispanos protestantes, lo que se plantea es cómo podemos ser parte

56   *Manual de homilética hispana*

de una religión que lleva el sello de la cultura dominante y al mismo tiempo seguir siendo quienes somos. El protestantismo se llegó a nosotros como una invitación a abandonar parte de nuestras tradiciones culturales y religiosas, sobre el fundamento cierto de que eran dañinas; pero también nos invitó a abandonar mucho de lo que constituía nuestra identidad. En una reflexión final acerca del diálogo antes citado que tuvo lugar en la Escuela de Teología de Perkins, uno de nosotros tomó la cruz vacía y su contraste con el crucifijo como símbolo para resumir esas tensiones, y llegó a una conclusión en la que se veía la importancia de la identidad:

El resultado de todo esto es que la «cruz vacía» tiene para nosotros tanto un sentido positivo como otro negativo. Para nosotros resulta positivo el depender de la cruz vacía en el sentido de que nos aferramos a ella. En la cruz vacía hemos encontrado liberación, no sólo del pecado y de la muerte, sino también de buena parte de lo que era pecaminoso y hasta mortífero en nuestra cultura y medioambientes. Nos aferramos a la cruz vacía como símbolo de la victoria de Cristo sobre el pecado y la muerte, que es también nuestra victoria.

Pero la cruz vacía tiene también su lado negativo. En cierto modo los hispanos colgamos de la cruz vacía, puesto que hemos sido nosotros quienes hemos sido crucificados en ella, si no individualmente, al menos en nuestra cultura, tradición e identidad. El peligro de una cruz vacía es que no quedará por siempre vacía. En el crucifijo, Jesús cuelga en lugar nuestro. En la cruz vacía, siempre existe el peligro de que sean nuestro pueblo, nuestra cultura y nuestra tradición quienes cuelguen en lugar de Jesús.[9]

Este sentimiento de crucifixión es profundo en muchos círculos protestantes hispanos. Cuando participamos de actividades, reuniones y decisiones en nuestras propias denominaciones, frecuentemente sentimos que tenemos que poner en suspenso (o en palabras más fuertes, que crucificar) parte de lo que somos a fin de ser partícipes de la realidad más extensa. Luego, no es necesario subrayar que la identidad es tema candente para el púlpito hispano.

---

9 Justo L. González, «Hanging from an Empty Cross: The Hispanic Mainline Experience» en *Protestantes/Protestants*, pp. 293-303.

Algo semejante sucede entre los hispanos católicos romanos. En su caso, no cabe duda de que continúan asidos a la tradición de sus ancestros, y que en ese sentido pueden reclamar su propia identidad con mucha mayor fuerza y menos ambigüedad que sus hermanos y hermanas protestantes. Pero también en este caso surgen cuestiones de identidad, pues el catolicismo dentro del cual los hispanos han de vivir es muy diferente de sus propias tradiciones. Ejemplo de ello puede verse en un artículo por Gary Riebe-Estrella, S.V.D., Vice-Presidente y Decano Académico de la Unión Teológica Católica en Chicago. Riebe-Estrella explica que, por varias razones, el catolicismo latinoamericano, y por tanto también el catolicismo hispano en los Estados Unidos, no se centra en la eucaristía, sino en una serie de acciones celebrativas de carácter sacramental dirigidas por los laicos. Tras describir brevemente una celebración pública de la Vírgen de Guadalupe, Riebe-Estrella se atreve a decir:

> Sostengo que, de hecho, en esta celebración la Misa resulta redundante, puesto que no hace más que ritualizar de una forma preferida en el catolicismo del hemisferio norte lo que el catolicismo latino ya ha ritualizado en su canto y su comida.
>
> Los ministros pastorales en los Estados Unidos, dada su preocupación porque la misa sea la celebración central de Jesucristo, de Dios hecho hombre, no han sabido comprender que las creencias fundamentales de la fe cristiana pueden imaginarse de maneras muy diversas en distintos mundos culturales, y que las formas que la oración toma para expresar esas creencias pueden también ser muy diversas.
>
> En tanto el catolicismo del hemisferio norte continúe haciendo reclamos absolutistas sobre la base de su propia relatividad histórica, el catolicismo latino siempre será menospreciado como un accidente histórico que ha de ser corregido. El resultado será un choque en el que, como frecuentemente sucede, ambas partes resultarán perdedoras.[10]

Estas palabras son índice del modo en que el catolicismo hispano en los Estados Unidos está luchando con el tema de su propia iden-

---

10 Gary Riebe-Estrella, S.V.D., «Critic's Corner: Latino Religiosity or Latino Catholicism?», *Theology Today*, 54 (1998), pp. 514-15.

tidad, y frecuentemente luchando contra las perspectivas dominantes y contra una jerarquía que no siempre comprende ni trata de entender sus experiencias y perspectivas.

Los temas que hasta aquí hemos discutido no pretenden ser una lista completa de los factores que afectan el púlpito hispano. Los hispanos, como todos los adoradores de Dios, se preocupan por su relación con Dios, por sus decisiones morales, por sus crisis personales y de sus seres queridos, por el bienestar de la iglesia y por la tragedia, el dolor y las crisis en todo el mundo. En estas preocupaciones, no diferimos mucho del resto de la humanidad.

En todo caso, puesto que el propósito de este ensayo es mostrar sobre todo lo que resulta distintivo en la predicación hispana, los temas que hemos bosquejado bastarán para mostrar que hay preocupaciones que, aunque no sean exclusivamente hispanas, ciertamente afectan nuestras vidas de manera particular, y por lo tanto afectan también nuestra hermenéutica y nuestra predicación. En el capítulo que sigue exploraremos el tema de cómo estos asuntos impactan la práctica de la interpretación bíblica.

Por otra parte—y este es el propósito principal del presente libro—estamos convencidos de que los temas y preocupaciones que hemos bosquejado en este capítulo como preocupación fundamental de los hispanos son en última instancia temas humanos, y que por lo tanto nuestra experiencia, nuestra práctica hermenéutica y nuestra predicación pueden ser de valor para la iglesia toda y para el modo en que se acerca a la tarea de la predicación.

4

La Biblia y el púlpito hispano

Pablo A. Jiménez

Como se vio en el capítulo anterior, la interpretación bíblica es uno de los aspectos centrales de la teología hispana. Esto es cierto en los círculos académicos, que han descubierto en la Biblia una colección de documentos escritos principalmente por y para personas pobres. También es cierto en las congregaciones hispanas y bilingües, que ven la Biblia como un documento que tiene gran autoridad dado que conduce a las personas creyentes a una relación cercana y profunda con Dios.

No debe sorprendernos, pues, que el tema de la hermenéutica bíblica haya sido tratado varias veces por diferentes teólogos y teólogas de trasfondo hispano. Este es ciertamente el caso de los autores de este libro, que hemos escrito extensamente sobre el tema. Por lo tanto, comenzaré la discusión del tema resumiendo las ideas que han sido presentadas por diversas personas sobre la hermenéutica hispana. Después de dicho resumen, presentaré un modelo hermenéutico que bien puede informar el proceso de la preparación del sermón. Finalmente, ilustraré la metodología con un estudio bíblico del encuentro entre Jesús de Nazaret y Marta y María de Betania (Lucas 10:38-42).

I. Un vistazo a la hermenéutica hispana

Sería casi imposible describir de manera exhaustiva el trabajo de todas las personas hispanas que han escrito sobre el tema de la interpretación bíblica. Por lo tanto, solo comentaré el trabajo de aquellas personas que consideramos ser las más influyentes. Aquellos lectores y aquellas lectoras que deseen profundizar en el tema pueden consultar los artículos, ensayos y libros incluidos en las notas bibliográficas.

La interpretación de las Sagradas Escrituras ocupa un lugar primordial en el pensamiento de las personas que lanzaron el movimiento que hoy llamamos la teología hispana. El nacimiento de dicho movimiento se basa en los trabajos de tres distinguidos teólogos: Virgilio Elizondo, Orlando E. Costas y Justo L. González.

Virgilio Elizondo es un sacerdote católico méxico-americano, es decir, un hombre nacido y criado en Texas cuyos padres provenían de México. Elizondo usa las referencias bíblicas a la región de la Galilea como una clave hermenéutica para el desarrollo de la Teología Hispana. Durante sus estudios en Francia, Elizondo comprendió que Galilea era una región fronteriza, tal como Texas, su tierra natal. Este dato le llevó a establecer una correlación entre los mestizos—resultado de la unión de los conquistadores españoles, los indígenas y los anglo-europeos—y los galileos. De este modo, la vida y el ministerio de Jesús el galileo se convierte en una poderosa imagen que refleja las luchas del pueblo méxico-americano que vive permanentemente en los Estados Unidos de América. Elizondo entiende que la experiencia méxico-americana es una travesía galilea moderna.[1]

Orlando E. Costas fue un extraordinario erudito que afinó sus habilidades teológicas mientras enseñaba en el Seminario Bíblico Latinoamericano en San José de Costa Rica. Después de retornar a los Estados Unidos, Costas comenzó a adaptar y a traducir algunos de los ensayos que lo convirtieron en un reconocido experto en el campo de las misiones tanto en América Latina como en otras partes del mundo. Siendo un teólogo contextual, Costas experimentó en carne propia los cambios que provocó en su teología el vivir permanentemente en los Estados Unidos. Al igual que en el caso de Elizondo, la imagen de Galilea se convirtió en una pieza central de su teología. En su caso, Costas enfocó en el carácter periférico o marginal de la región. Entonces, procedió a establecer una correlación entre el pueblo galileo y el pueblo latino, ya que ambos han vivido en la periferia de los centros de poder. En este esquema, la experiencia de la comunidad hispana se ve como paralela a la de Jesús, el Cristo, quien fue crucificado fuera de las puertas de la ciudad de Jerusalén.[2] Lamentablemente, la prematura muerte de Costas no le permitió desarrollar de forma plena su pensamiento teológico desde y para la comunidad hispana.

---

1 Elizondo, *Galilean Journey.*
2 Orlando E. Costas, *Christ Outside the Gate.* Maryknoll: Orbis, 1989.

Justo L. González, uno de los autores de este libro, es un historiador de la teología de la Iglesia que se ha convertido en uno de los teólogos más importantes de su generación. Como editor de *Apuntes*[3] —la primera revista teológica dedicada a examinar asuntos hispanos en los Estados Unidos— González fomentó el desarrollo del movimiento. Su ensayo programático, titulado *Prophets in the King's Court*,[4] describe la teología hispana como una empresa que se hace desde los márgenes de la sociedad. Esto explica el título completo de la revista: *Apuntes: Reflexiones desde el margen hispano*. Su énfasis en el carácter marginal de la comunidad hispana le lleva a proponer una lectura contracultural de la Biblia. En varios lugares, González ha descrito esta metodología como una «lectura de la Biblia en español».[5] Más tarde, González aumentó su contribución al campo de la hermenéutica hispana con una amplia introducción y discusión del tema en un libro titulado *Santa Biblia: The Bible through Hispanic Eyes*.[6] Este libro explora las diferentes metáforas que emplean las personas dedicadas a la teología y a la pastoral hispana para resumir, comunicar y avanzar sus perspectivas hermenéuticas.

Los trabajos fundamentales de estos teólogos motivaron a una nueva generación de eruditos a tratar una gran variedad de temas teológicos. En una segunda etapa, podemos identificar cuatro personas cuyos respectivos trabajos ha hecho importantes contribuciones a la hermenéutica hispana. Estas personas son: Fernando F. Segovia, Ada María Isasi-Díaz, C. Gilbert Romero y Francisco García-Treto.

Fernando F. Segovia es un destacado erudito católico cubanoamericano cuyos muchos escritos han continuado, comentado y promovido el desarrollo de la hermenéutica hispana.[7] Segovia propone

---

3 *Apuntes: Reflexiones desde el margen hispano*, es una publicación del programa México Americano de Perkins School of Theology, Southern Methodist University, en Dallas, TX.

4 *Apuntes* 1:1 (Primavera 1981): 3-6. Este es también el ensayo inicial del libro *Voces*.

5 González, *Mañana*, pp. 75-87.

6 Nashville: Abingdon Press, 1996.

7 Fernando F. Segovia, «Hispanic American Theology and the Bible: Effective Weapon and Faithful Ally» en *We are a People*, pp. 21-49; «Reading the Bible as Hispanic Americans» en *The New Interpreter's Bible*, editado por Leander Keck, et al, Vol. 1 (Nashville: Abingdon Press, 1994); «Two Places and No Place on Which to Stand: Mixture and Otherness in Hispanic American Theology» en *Mestizo Christianity: Theology from the Latino Perspective*, editado por Arturo Bañuelas

una lectura «postcolonial» de las Sagradas Escrituras[8] Tal lectura
«postcolonial» reconoce que vivimos en un mundo moldeado por
siglos durante los cuales los países europeos y los Estados Unidos han
tenido la hegemonía política y cultural sobre varias partes del mundo.
Ahora que las antiguas potencias coloniales están perdiendo dicha
hegemonía sobre el «tercer mundo», los hijos y las hijas de las antiguas
colonias han llegado a vivir a las antiguas metrópolis. Esto explica
el crecimiento de los grupos minoritarios en países tales como Inglaterra y los Estados Unidos. También explica las luchas étnicas en la
Europa occidental y en Rusia. Segovia usa la teoría postcolonial para
interpretar la condición de la comunidad hispana en los Estados
Unidos, afirmando que vivimos en una «diáspora». Entonces, estable-
ce una correlación entre la diáspora hispana y los textos bíblicos que
hablan de exilio y diáspora.

Ada María Isasi-Díaz, quien también es católica y cubano-ame-
ricana, es la teóloga hispana más importante de los Estados Unidos.[9]
Su acercamiento a la teología feminista desde una perspectiva hispana
lleva el nombre de *teología mujerista*. Esta teología entiende que,
aunque la Biblia es inherentemente liberadora, su mensaje está envuel-
to en lenguaje jerárquico y patriarcal. Por lo tanto, Isasi-Díaz usa un
«canon dentro del canon» en su enfoque hermenéutico.[10] Afirma que
la Biblia debe usarse para promover la conciencia crítica, el discurso
moral y la acción pastoral de la mujer hispana.[11] Isasi-Díaz también
usa imágenes de exilio y diáspora para establecer una correlación entre
el mundo antiguo y la experiencia hispana contemporánea.[12]

(Maryknoll: Orbis Press, 1995), pp. 28-43; «Toward a Hermeneutics of the Diaspora:
A Hermeneutics of Otherness and Engagement» en *Reading from this Place, Vol. 1:
Social Location and Biblical Interpretation*, editado por Fernando F. Segovia y Mary
Ann Talbert (Minneapolis: Fortess Press, 1995), pp. 57-73.

8 Fernando F. Segovia, *Decolonizing Biblical Studies: A View from the Margins*
(Maryknoll: Orbis Books, 2000).

9 Para una introducción completa a su pensamiento véase *En la Lucha/In the
Struggle: Elaborating a Mujerista Theology* (Minneapolis: Fortess Press, 1993).

10 Aquí seguimos el análisis de Segovia en *We are a People*, pp. 30-33.

11 Véase «The Bible and Mujerista Theology» en la colección editada por Susan
Brooks Thistlewaite y Mary Potter Engel, *Lift Every Voice: Constructing Christian
Theologies from the Underside*, (San Francisco: Harper Collins, 1990).

12 Véase su ensayo exegético «'By the Rivers of Babylon': Exile as a Way of
Life» en *Reading from this Place, Vol. 1*, pp. 149-163 y en *Mujerista Theology*
(Maryknoll: Orbis Press, 1996), pp. 35-56.

C. Gilbert Romero, un autor católico y méxico-americano, emplea imágenes bíblicas para describir, comprender y revaluar la religiosidad popular. Por religiosidad popular, Romero se refiere a las prácticas religiosas que el pueblo ha desarrollado al margen de las estructuras eclesiales establecidas. Trabajando primordialmente dentro de su tradición católica, busca las raíces bíblicas de prácticas tales como el miércoles de ceniza, la celebración de la fiesta de quinceañera, los altares familiares y los penitentes, entre muchas otras.[13] La naturaleza y la función de la revelación cristiana es la clave hermenéutica de su acercamiento a estas prácticas religiosas populares. Romero entiende que tanto la Biblia como la religiosidad popular son vehículos que Dios usa para transmitir su revelación.

Otra contribución importante de Romero es la forma en que ha explorado las imágenes de exilio que aparecen en la Biblia para describir la condición hispana. Por ejemplo, en un ensayo corto pero provocativo,[14] este autor estudia al pueblo «Apiru»—la legendaria coalición de tribus que se rebelaron contra los egipcios cerca del siglo XV antes de la era cristiana. Romero sugiere que una posible agenda de la teología hispana es convertirse en «Apiru». Con esto, el autor quiere decir que la teología hispana debe reconocer su condición marginal en la sociedad y debe comprender que los grupos marginados son una amenaza para los grupos dominantes de la sociedad.[15] Romero también ha explorado la imaginación apocalíptica, afirmando que la teología apocalíptica fue una de las fuentes principales de esperanza para la iglesia primitiva, que vivía al margen del poder imperial romano.[16] La Teología Hispana puede usar los símbolos y la imaginación apocalíptica para analizar y vencer la opresión que sufre diariamente el pueblo latino en los Estados Unidos.

Francisco García-Treto es un erudito presbiteriano cubano-americano que también ha hecho importantes contribuciones al campo de la interpretación bíblica.[17] García-Treto escribió un excelente resumen

---

13 C. Gilbert Romero, *Hispanic Devotional Piety: Tracing the Biblical Roots* (Maryknoll: Orbis Press, 1991).

14 C. Gilbert Romero, «On becoming 'Apiru: An Agenda for Hispanic Theology», *Apuntes* 16:2 (Verano 1996): 59-61.

15 Ibid., p. 61.

16 C. Gilbert Romero, «Hispanic Theology and Apocalyptic Imagination» *Apuntes* 15:4 (Invierno 1995): 133-137.

17 Véase, a manera de ejemplo, «The Lesson of the Gibeonites: A Proposal for Dialogic Attention as a Strategy for Reading the Bible» en *Hispanic/Latino Theology,*

de la hermenéutica bíblica contemporánea en un artículo titulado *Reading the Hyphens*.[18] Su abarcador ensayo comienza indicando que hay toda una serie de teólogos y teólogas de trasfondo hispano trabajando unidos para formar una «comunidad interpretativa». Esta comunidad, que es interdenominacional e intergeneracional, se enorgullece de hacer «teología en conjunto». Entonces, García-Treto define conceptos claves, tales como «U.S. Hispanic Latino» y «Mainline Protestant». Finalmente, explora las contribuciones de varias personas hispanas al campo de la interpretación bíblica.

Esta sección no estaría completa si no comentáramos los muchos escritos de Harold Recinos. Aunque su principal campo de investigación es la sociología de la religión, Recinos ha escrito extensamente sobre cómo leer la Biblia de las perspectivas de las personas marginadas. Sus escritos exploran el significado de la Biblia para los latinos y las latinas que viven en los barrios pobres que continúan creciendo a través de todos los Estados Unidos.[19] También explora el significado de la Biblia para los pueblos latinoamericanos.[20] Una de las contribuciones más importantes de Recinos al campo de la interpretación bíblica es la forma como correlaciona el concepto bíblico de la ciudad con la realidad que se vive en los barrios hispanos. Este autor afirma que las partes pobres de las grandes ciudades estadounidenses son espacios sagrados que deben y que pueden ser transformados de acuerdo a los valores del reino de Dios.

Una vez más, reconocemos que nuestras listas son tentativas e incompletas. No estamos comentando trabajos muy importantes por autores tales como Efraín Agosto,[21] Eduardo Fernán-

---

pp. 73-85. Véase, además, «The Book of Nahum: Introduction, Commentary, and Reflections» en *The New Interpreter's Bible,* Vol. VII, pp. 591-619.

18 Francisco García-Treto, «Reading the Hyphens: An Emerging Biblical Hermeneutic for Hispanic U.S. Protestants» en la colección editada por David Maldonado, Jr., *Protestantes/Protestants: Hispanic Christianity Within Mainline Traditions,* (Nashville: Abingdon Press, 1999), pp. 160-171.

19 Para una breve introducción a la teología de Recinos, véase «Mission: A Latino Pastoral Theology» *Apuntes* 12:3 (Otoño 1992): 115-126. Para un desarrollo más completo, véase *Jesus Weeps: Global Encounters on Our Doorsteps* (Nashville: Abingdon Press, 1992).

20 *Who Comes in the Name of the Lord? Jesus at the Margins,* (Nashville: Abingdon Press, 1997).

21 «Social Analysis of the New Testament and Hispanic Theology: A Case Study», *Journal for Hispanic/Latino Theology* 5:4 (1998): 6-29. Véase, además, su artículo «Paul, Leadership and the Hispanic Church» en el libro de Eldin Villafañe titulado *Seek the Peace of the City,* (Grand Rapids: Wm. B. Eerdmanns Publishing Co., 1995).

dez,[22] Jorge González,[23] Daisy Machado,[24] Jean-Pierre Ruíz,[25] y Samuel Pagán.[26] Tampoco estamos analizando los escritos de la nueva generación de eruditos bíblicos que representan Leticia Guardiola[27] y Aquiles Ernesto Martínez.[28] De todos modos, nuestro breve análisis ha demostrado que estas metodologías tan diversas tienen muchos puntos en común. Pasemos, pues, a considerar esos puntos comunes a estos métodos hispanos de interpretación bíblica.

II. Un modelo hermenéutico hispano

Como indicamos anteriormente, los acercamientos a la interpretación bíblica propuestos por las personas hispanas mencionadas en la sección anterior tienen mucho terreno en común. Algunas de las ideas comunes que presentan son las siguientes:[29]

1. La Biblia es un texto liberador: El consenso entre quienes hacen teología hispana es que el mensaje de la Biblia es liberador y que las luchas de la comunidad latina de alguna manera han sido anticipadas en las luchas del pueblo de Dios, según aparecen en las Sagradas Escrituras.[30]

2. Una «lectura de resistencia»: La teología hispana exhorta a la comunidad latina a desarrollar una manera alternativa de leer la Biblia. Esta «lectura de resistencia» tiene implicaciones políticas, ya que cuestiona el orden social imperante a la luz de los valores del reino de Dios.

---

22 «Reading the Bible in Spanish: U.S. Catholic Hispanic Theologians' Contribution to Systematic Theology», *Apuntes* 14:3 (Fall 1994):86-91.
23 *Daniel: A Tract for Troubled Times* (New York: General Board of Global Ministries, 1985).
24 «El Cántico de María», *Journal for Preachers* 21:1 (1997): 12-15.
25 «Beginning to Read the Bible in Spanish: An Initial Assessment», *Journal for Hispanic/Latino Theology* 1:2 (1994):28-50.
26 «The Book of Obadiah: Introduction, Commentary, and Reflections» en *The New Interpreter's Bible*, Vol. VII, pp. 433-459.
27 «Borderless Women and Borderless Texts: A Cultural Reading of Matthew 15:21-28», *Semeia* 78 (1997):69-81.
28 «El Apóstol Pablo y la comunidad de Tesalónica», *Apuntes* 15:1 (Primavera 1995):3-13.
29 En esta sección seguimos las reflexiones que Segovia publicó en su ensayo «Hispanic American Theology and the Bible: Effective Weapon and Faithful Ally» que aparece en *We are a People*, pp. 45-49.
30 Ibid, p. 46.

3. La dimensión escatológica: Las lecturas de la Biblia que hacen los teólogos y las teólogas de trasfondo hispano tienen tendencias escatológicas. La teología hispana ve el futuro con una esperanza que, paradójicamente, nace de las experiencias dolorosas del pasado. Nuestra teología entiende que el pueblo latino ocupa un lugar especial en la misión de Dios para el mundo, dado que la comunidad hispana está estableciendo puentes de comunicación entre el norte y el sur del continente americano; entre la América de habla hispana y la de habla inglesa. En el fondo, la teología hispana es una palabra radical de juicio y esperanza que va desde la comunidad latina al mundo entero.

Para poder comprender a cabalidad las perspectivas teológicas presentadas arriba, propongo un modelo para interpretar la Biblia desde la perspectiva hispana. Propongo este modelo con el doble propósito de sistematizar los principios teológicos estudiados en la sección anterior y de proveer un método que pueda informar el proceso de preparación del sermón:[31]

1. La marginalización es el punto de entrada: El primer paso del proceso es considerar la situación social del pueblo latino. El punto de entrada al poder liberador de la Biblia es la experiencia de marginalización, de opresión y de discrimen que sufre la comunidad hispana en los Estados Unidos. El lugar que ocupa la comunidad latina en la sociedad estadounidense nos permite entrar en un diálogo con las Escrituras. Cuando una persona hispana lee la Biblia, encuentra que el mensaje fue escrito mayormente por personas marginadas y para personas marginadas. Esto le da al pueblo hispano un acceso directo a la esencia del mensaje bíblico.

2. Búsqueda de puntos de contacto: Una vez comprendemos la situación del pueblo, debemos leer la Biblia buscando los puntos de contacto entre la situación social de la comunidad hispana y las historias de la Biblia.

3. Una correlación de situaciones sociales: Después de encontrar estos puntos de contacto, el modelo nos llama a comparar la situación social de la comunidad latina con la situación social del texto bíblico.

---

31 He tratado estos temas anteriormente en el ensayo «The Bible: A Hispanic Perspective» publicado en la colección editada por José D. Rodríguez and Loida I. Martell-Otero, *Teología de Conjunto: A Collaborative Protestant Theology*, (Louisville: Westminster/John Knox Press, 1997), pp. 66-79; y en «In Search of a Hispanic Model of Biblical Interpretation» *Journal of Latino/Hispanic Theology* 3:2 (Noviembre 1995): 44-64.

Esta correlación debe ir más allá de la correspondencia semántica para examinar la correspondencia entre las relaciones sociales. Permítaseme ilustrar la diferencia entre estos términos con un ejemplo. Un intérprete busca la correspondencia semántica cuando sólo le presta atención al lenguaje para establecer una relación entre los conceptos bíblicos y la realidad actual. Hace poco leí un comentario bíblico que interpretaba la Biblia usando esta metodología. El comentarista examinaba la dedicación del Templo de Salomón. Después de un excelente análisis histórico, terminaba exhortando a sus lectores y a sus lectoras a ver los templos de sus congregaciones como lugares sagrados donde el ser humano puede tener un encuentro con Dios. En este caso, el autor relacionó la palabra «templo» en la Biblia con la palabra «templo» en nuestro contexto actual. Este tipo de razonamiento es lo que lleva a predicadores a decir frases tales como «Nosotros somos iguales al pueblo de Israel» o «La gente reacciona hoy tal como reaccionaron Pedro, Juan y el resto de los discípulos». El problema con este método es su superficialidad, ya que busca el parecido entre las palabras sin examinar cómo funcionan las realidades sociales. Por su parte, para establecer una correspondencia de relaciones sociales es necesario ir más allá de los parecidos semánticos, usando el análisis sociológico y antropológico de las Sagradas Escrituras. La pregunta clave es: ¿Qué realidades sociales contemporáneas funcionan de manera parecida a las condiciones sociales que describe el texto bíblico? Volvamos, pues, al ejemplo del Templo de Salomón. Además de ser un centro de adoración a Dios, el Templo de Jerusalén era el santuario que centralizaba, organizaba y regulaba la fe de Israel. Por lo tanto, el templo representaba la religión oficial o normativa. El Templo también tenía funciones políticas, ya que simbolizaba la independencia de Israel de otras naciones—quienes tenían sus propias divinidades—y recogía dinero y artículos que pasaban a formar parte del tesoro nacional. Esto explica por qué los ejércitos que atacaban Jerusalén intentaban saquear y hasta destruir el Templo. En este sentido, comparar el Templo de Salomón con el edificio que ocupa una congregación actual es un error, ya que reduce o minimiza su importancia. Dependiendo del aspecto que uno desee recalcar, el Templo de Salomón debe compararse a las oficinas centrales de una denominación, a un monumento patriótico o al banco nacional de un país. Este ejemplo debe dejar claro que la hermenéutica hispana busca establecer una correlación de relaciones sociales que estudie la realidad social reflejada en los textos bíblicos para así poder interpretar teológicamente las realidades que vive el pueblo hispano hoy día.[32] Este tipo de lectura bíblica no produce fórmulas que podamos copiar ni técnicas que podamos aplicar con facilidad. Sin embargo, ofrece orientación, modelos, tipos, direcciones e inspiración para el lector y para la lectura actual. El propósito principal de esta lectura bíblica es proveer elementos que puedan ser usados como herramientas que nos permitan interpretar tanto nuestra realidad como las posibilidades que traerá el futuro.[33]

4. Una metáfora clave: La teología hispana emplea diferentes metáforas para comunicar las implicaciones de la correlación entre la situación social del texto bíblico y la situación social de la comunidad latina. Estas metáforas, que encarnan los principios básicos de la teología hispana, funcionan como paradigmas. En cierto modo, resumen el proceso hermenéutico. En todo caso, estas metáforas se convierten en herramientas útiles para interpretar tanto la Biblia como la realidad hispana. Las dos metáforas principales que usan los teólogos y las teólogas de trasfondo latino son «marginalidad» y «mestizaje». Estas metáforas evocan la «correspondencia de relaciones sociales» que discutimos en el párrafo anterior. Funcionan como paradigmas porque simbolizan y resumen dicha correlación. Otra manera de comprender este punto es usando el lenguaje del estructuralismo. La metáfora funciona como un «significante» —la parte sensible o material del componente lingüístico— que se refiere a un «significado» —el componente conceptual del signo lingüístico.[34] En nuestro caso, la marginalidad y el mestizaje son los «significantes» y la correlación entre la situación social de la Biblia y de la comunidad latina es el «significado». Ahora bien, debe quedar claro que estos no son los únicos conceptos que se han empleado como metáforas en la Teología Hispana. En su libro *Santa Biblia: The Bible Through Hispanic Eyes*,[35] Justo L. González analiza los diversos paradigmas

32 Clodovis Boff, *Teología de lo político: Sus mediaciones* (Salamanca: Sígueme, 1980), p. 278.

33 Ibid, p. 280.

34 Stephen D. Moore, *Poststructuralism and the New Testament: Derrida and Foucault at the Foot of the Cross* (Minneapolis: Fortress Press, 1994), p. 132. Para más información sobre estos conceptos, véase a Roland Barthes, *Elements of Semiology* (New York: The Noonday Press, 1973), pp. 35-57, passim.

35 Nashville: Abingdon Press, 1995.

empleados por teólogos y teólogas de trasfondo hispano en sus escritos y sermones. Su investigación le llevó a identificar cinco metáforas que se emplean como conceptos paradigmáticos en la teología hispana. Estos son: marginalidad, pobreza, exilio, alienación y solidaridad.

Queda claro que el corazón de este modelo hermenéutico es esta correlación entre la situación social de la Biblia y la situación social del pueblo latino. Sin embargo, este modelo también puede ser útil para personas de otras latitudes que desean transformar su manera de leer la Biblia. De manera particular, este modelo fomenta una lectura contextual, liberadora y postmoderna de las Sagradas Escrituras.

III. Marta y María de Betania: Una lectura hispana de Lucas 10:38-42.

Después de haber estudiado los aspectos básicos de la teoría hermenéutica hispana, veamos un ejemplo de cómo aplicar dicha teoría.

Los evangelios dicen poco sobre la vida privada de Jesús. Dado que estos escritos les prestan mayor atención a las palabras y al ministerio de Jesús, apenas se mencionan sus amigos o se habla de su vida en familia. Sí, conocemos que Jesús llamó a un grupo de hombres para que fueran sus estudiantes o «discípulos» (véase Lc. 6.12-16 y sus textos paralelos). Además, conocemos que había un grupo de mujeres que seguían a Jesús y que, en ocasiones, viajaban con los Doce (Lc. 8.1-3). Las discípulas eran «María, que se llamaba Magdalena, de la que habían salido siete demonios, Juana, mujer de Chuza, intendente de Herodes, Susana y otras muchas que ayudaban con sus bienes» (Lc. 8.2b-3). Por lo tanto, aunque conocemos a los discípulos y a las discípulas de Jesús, sabemos poco sobre sus amistades.

Podríamos afirmar que Jesús estableció lazos de amistad con la familia formada por Marta, María y Lázaro de Betania. Los evangelios de Lucas y de Juan mencionan a estas personas en distintos lugares (Lc. 10:38-42; Jn. 11:1-12:11, 17). Lucas solo menciona a las hermanas, Juan menciona a Lázaro cuando nos cuenta sobre su muerte, su resurrección, la celebración de la fiesta de la Pascua en su casa y cuando menciona el complot para asesinar a Jesús. En dichos escenarios, Marta y María son personajes secundarios que lloran la muerte de su hermano y que se regocijan en su resurrección. En todo caso, hay importantes puntos de contacto entre la descripción que Lucas y Juan hacen de las hermanas, Tanto Lucas 10:38-38 como Juan 12.1-7 describen comidas en la casa de la familia. La de Lucas es un evento privado y la de Juan es un banquete comunitario. En ambas historias Marta está a cargo de servir la mesa, servicio que se describe con el vocablo griego «diaconía» en Lucas 10:40 (traducido por la RVR 1995 como «quehaceres» y «servir») y en Juan 12:2 (donde se traduce como «servir»). En ambas historias María está a los pies de Jesús, escuchando sus enseñanzas en Lucas 10:39 y ungiéndolo en Juan 12:3. En ambas historias María es criticada, por Marta en Lucas 10:40 y por Judas Iscariote en Juan 12:4-6. En ambas historias Jesús justifica las acciones de María (Lc. 10:41-42 y Jn. 12:7).

Este es la versión de Lucas de la visita de Jesús a Marta y María de Betania:

> [38] Aconteció que, yendo de camino, entró en una aldea, y una mujer llamada Marta lo recibió en su casa. [39] Esta tenía una hermana que se llamaba María, la cual, sentándose a los pies de Jesús, oía su palabra. [40] Marta, en cambio, se preocupaba con muchos quehaceres y, acercándose, dijo: Señor, ¿no te da cuidado que mi hermana me deje servir sola? Dile, pues, que me ayude. [41] Respondiendo Jesús, le dijo: Marta, Marta, afanada y turbada estás con muchas cosas. [42] Pero solo una cosa es necesaria, y María ha escogido la buena parte, la cual no le será quitada.
>
> Lucas 10.38-42 (RVR 95)

Esta historia bíblica es muy conocida y aparece en diferentes leccionarios.[36] Los detalles de la historia son bastante claros:

1. Jesús llega a la aldea.
2. Marta le ofrece hospitalidad.
3. María se sienta a los pies de Jesús para escuchar sus enseñanzas.

---

36 Por ejemplo, Lucas 10:38-42 es la lectura del Evangelio para la undécima semana de la temporada de Pentecostés para el año C del Leccionario Común Revisado. También es la lectura para la séptima semana de Resurrección, el tercer domingo de Pentecostés y el vigésimo octavo viernes de Pentecostés en el Leccionario Anglicano.

4. Marta le pide a Jesús que le ordene a María a que le ayude a preparar la comida y a servir la mesa (acción que se describe mediante la palabra griega «diaconía»).
5. Jesús le contesta a Marta, indicando que ella está preocupada y cargada por «muchas cosas» (en griego «perí pollá»). Sin embargo, sólo «uno» es necesario (en griego «enós»). Esta lectura es, ciertamente, enigmática. Como es común con este tipo de lecturas, los manuscritos antiguos ofrecen lecturas alternativas que buscaban clarificar, suavizar o hasta cambiar el significado del texto. En este caso, algunos manuscritos usan el verbo griego «turbázomai» en lugar de «thorubázo», que es un verbo poco usado. Ambos vocablos significan estar preocupado, confuso o afligido. Otras lecturas cambian la palabra «uno» por la frase «unas pocas» (en griego «olígon»). Algunos manuscritos omiten esta parte del texto.
6. Jesús justifica a María, afirmando que ella ha escogido «la buena parte, la cual no le será quitada» (v. 42b).

La interpretación tradicional de este texto bíblico ve a Marta y a María como símbolos de dos acercamientos distintos a la vida cristiana. Una representa la acción y la otra representa la contemplación. Por lo tanto, los sermones que siguen esta línea de interpretación exaltan a María como la representante de la espiritualidad cristiana. Este tipo de sermones llama a la congregación a imitar a María, que es la más piadosa, y a rechazar el ejemplo de la ocupada Marta.

Con tristeza, reconocemos que algunos sermones sobre este pasaje bíblico predican contra el texto, criticando a María. Estos sermones recalcan la importancia de la acción en la vida cristiana. Las personas que predican usando esta perspectiva son casi siempre hombres que se dejan llevar por sus ideas patriarcales. Por lo tanto, presentan a Marta como el ama de casa ejemplar, aunque el texto no indica que Marta estuviera casada.

En los últimos años varios comentarios bíblicos han criticado estos acercamientos tradicionales al texto. Por ejemplo, hay varias teólogas que recalcan la importancia de la palabra «diaconía» en este texto. Correctamente, afirman que este vocablo, que originalmente se refiere al acto de servir una mesa—es un importante término técnico en el Nuevo Testamento, donde se refiere al ministerio cristiano. Esta palabra es la raíz de las palabras españolas «diácono» y «diaconisa». Este hecho levanta la posibilidad de que la crítica a la «diaconía» de

Marta sea una crítica general contra el liderazgo de la mujer en la comunidad cristiana.[37]

Elizabeth Schüssler Fiorenza ha escrito un análisis detallado de este pasaje bíblico siguiendo esta línea de interpretación.[38] La autora critica las interpretaciones que presentan a Marta y a María como símbolos de principios teológicos. También critica las interpretaciones que ella cataloga como «apologéticas» y «psicológicas» que tratan de «salvar» el texto afirmando que el mismo habla del acceso a la educación teológica o que se refiere a la lucha que ocurre naturalmente entre hermanos y hermanas. Schüssler Fiorenza concluye que Lucas deseaba socavar el discipulado de la mujer.[39] Por esta razón, la autora exhorta a abrazar una hermenéutica de evaluación y proclamación que reconozca la inclinación patriarcal del texto. Esta interpretación debe afirmar los elementos subversivos del texto (tales como la audacia de María) a la vez que afirma el ministerio de la mujer como una práctica de justicia y solidaridad.

Después de este breve vistazo a algunas posibles interpretaciones del texto, pasemos, pues, a hacer una relectura del mismo usando el método propuesto por la hermenéutica hispana.

1. La marginalización es el punto de entrada

Como indicamos anteriormente, la mayoría de la comunidad hispana en los Estados Unidos vive al margen de la sociedad. Hasta el gobierno, a través de agencies tales como la Oficina del Censo, reconoce la pobreza y la opresión que sufren diariamente las personas latinas. Por ejemplo, los estimados del Censo para el año 2002 indican que sólo el 57% de las personas hispanas terminan la escuela superior o preparatoria; sólo 11.1% tiene un título universitario; el 8.1% de la masa trabajadora hispana está desempleada; 21.4% vive en la pobreza; y el 28% de la niñez hispana también vive en la pobreza. Podemos

---

37 Jane Schaberg, «Luke» en *The Women's Bible Commentary*, editado por Carol A. Newsom y Sharon H. Ringe (Louisville: Westminster/John Knox Press, 1992), pp. 288-289. Véase, además, a Barbara E. Reid, *Choosing the Better Part?: Women in the Gospel of Luke* (Collegeville, Minnesota: The Liturgical Press, 1996), pp. 144-162.

38 *But She Said: Feminist Practices of Biblical Interpretation* (Boston: Beacon Press, 1992), pp. 52-76.

39 Ibid., p. 64.

comprender la dura realidad de la comunidad hispana cuando comparamos estos números con las estadísticas de la población blanca de trasfondo inglés o europeo: 88.7% de la población blanca completa la escuela superior o preparatoria; el 27% tiene un título universitario; su tasa de desempleo es de sólo 5.1%; y el 7.8% de su población vive en la pobreza.

La pobreza y la marginalización de la comunidad hispana le obligan a trabajar por menos dinero en trabajos muy duros, tales como la industria agrícola o las empresas de servicios. Los más pobres son quienes trabajan como trabajadores agrícolas inmigrantes, jardineros y personal de limpieza. Entre las mujeres, las más pobres son las que trabajan como sirvientas y niñeras. Aunque estos son trabajos dignos, en los Estados Unidos se han desarrollado estereotipos negativos que aumentan la opresión y la marginalización de estos obreros. Debido a estos estereotipos, muchas personas estadounidenses piensan que las personas hispanas deben estar sólo en lugares tales como los campos agrícolas, la cocina o el jardín.

La dura realidad que vive el pueblo hispano afecta su lectura de la Biblia, particularmente cuando encuentra historias como la de Marta y María. Podemos relacionarnos con las mujeres marginalizadas de la Biblia porque vivimos al margen de la sociedad actual. En el tiempo de Jesús, la mayor parte de las mujeres judías eran pobres. Vivían dominadas por un sistema patriarcal que las relegaba a la cocina y a la casa. Hasta la religión las relegaba a un segundo plano, dado que no podían circuncidarse y no podían ocupar posiciones de liderazgo tales como el sacerdocio. Es cierto que algunos eruditos han establecido con certeza que, en algunas circunstancias, algunas mujeres judías tenían acceso a posiciones de liderazgo social y hasta religioso.[40] Estas investigaciones han descubierto que algunas sectas judías aceptaban a las mujeres, tratándolas con igualdad.[41] Aparentemente los Esenios aceptaban mujeres como discípulas, permitiéndoles participar en las abluciones rituales y exhortándolas a participar en los estudios comunitarios de las escrituras hebreas. También hay evidencia arqueológica de mujeres que funcionaban como jefas de sinagogas

---

40 Sarah B. Pomeroy, *Goddesses, Whores, Wives and Slaves: Women in Classical Antiquity* (New York: Schoken Books, 1975).

41 Para una introducción al tema, véase a Amy L. Wordelman, «Everyday Life: Women in the Period of the New Testament» en *The Women's Bible Commentary*, pp. 390-396.

para tiempos tan lejanos como el tercer siglo de la era cristiana. No obstante, todas estas investigaciones no niegan el hecho de que la inmensa mayoría de las mujeres judías estaba excluida de las posiciones de liderazgo social y religioso.

Por lo tanto, una lectura hispana debe establecer una correlación entre la situación de marginalidad que sufrían las mujeres judías en el mundo antiguo y la marginación que sufre el pueblo latino en los Estados Unidos.

2. Una «lectura de resistencia»

El segundo paso en nuestro modelo es el desarrollo de una lectura de resistencia que afirme los aspectos liberadores del texto bíblico. Este paso nos llama a encontrar los puntos de contacto entre el pasaje bíblico y la experiencia hispana.

Esta historia cobra vida cuando la leemos como lo que es, un relato escrito mayormente por y para personas oprimidas. En un mundo dominado por los hombres, Marta y María aparecen como mujeres solteras. La versión de Lucas, que no menciona a Lázaro, levanta varias interrogantes. ¿Era Marta una mujer viuda que había heredado una casa? Si este era el caso, Marta bien podría haber sido la hermana mayor. En contraste, María habría sido la hermana menor soltera. Debemos recordar que la mayor parte de las mujeres judías estaban casadas o comprometidas para el tiempo que cumplían los 14 años. ¿Acaso podemos inferir que María era menor de 14 años de edad?

En cualquier caso, María se relaciona con Jesús como un discípulo con un rabino, sentándose a sus pies para escuchar sus enseñanzas (véase Hechos 22.3). El sentarse a los pies de Jesús demuestra la audacia de esta mujer en muchos niveles. Primero, desafía la exclusión de las mujeres del discipulado rabínico. Esta es una exclusión bien documentada en el judaísmo posterior.[42] Como aclaramos arriba, esta exclusión no era universal en los

---

42 Véanse las referencias rabínicas en el artículo de Albercht Oepke titulado «gynét», en la enciclopedia editada por Gerhard Kittel, *Theological Dictionary of the New Testament*, Vol I (Grand Rapids: Wm. B. Eerdmans Publishing Co., 1964), pp. 781-782.

tiempos de Jesús, aunque la mayor parte de los líderes religiosos la practicaba. Por lo tanto, al sentarse a los pies de Jesús María estaba desafiando las normas religiosas que les prohibían a las mujeres ser educadas teológicamente.

María también desafía normas sociales, particularmente las que regulaban la modestia. Sabemos que la sociedad judía antigua, al igual que las sociedades islámicas radicales hoy día, trataba de evitar la interacción entre hombres y mujeres, sobre todo el diálogo en público. En este caso, tenemos a dos mujeres, aparentemente solteras, ofreciéndole hospitalidad a un hombre soltero. Lo que es más, los estudios arqueológicos enseñan que en Palestina la comida se cocinaba en un horno de barro que, por lo regular, estaba fuera de la casa. Por lo tanto, debemos preguntarnos si María estaba sola dentro de la casa con Jesús mientras Marta cocinaba afuera. Otro punto importante es que hay por lo menos un relato en la Biblia Hebrea donde una mujer se sienta a los pies de un hombre para seducirlo:

> [1] Un día le dijo su suegra Noemí: Hija mía, ¿no debo buscarte un hogar para que te vaya bien? [2] ¿No es Booz nuestro pariente, con cuyas criadas has estado? Esta noche él avienta la parva de las cebadas. [3] Te lavarás, pues, te perfumarás, te pondrás tu mejor vestido, e irás a la era; pero no te presentarás al hombre hasta que él haya acabado de comer y de beber. [4] Cuando se acueste, fíjate en qué lugar se acuesta, ve, descubre sus pies, y acuéstate allí; él mismo te dirá lo que debas hacer. [5] Rut respondió: Haré todo lo que tú me mandes. [6] Descendió, pues, al campo, e hizo todo lo que su suegra le había mandado. [7] Cuando Booz hubo comido y bebido, y su corazón estaba contento, se retiró a dormir a un lado del montón. Un rato más tarde vino ella calladamente, le descubrió los pies y se acostó. [8] A la medianoche se estremeció aquel hombre, se dio vuelta, y descubrió que una mujer estaba acostada a sus pies.

Este pasaje, claro está, es parte del tercer capítulo del libro de Ruth, quien seduce a Booz siguiendo los consejos de Noemí.

No debe sorprendernos, pues, que Marta encuentre poco apropiadas las acciones de María. Después de todo, ella está rompiendo varias barreras sociales y religiosas. Debemos notar que Marta frasea su petición con cuidado, ya que no quiere deshonrar a Jesús. En vez de indicar las implicaciones de la posición en que se encontraba María, Marta le concede la autoridad a Jesús, dándole el poder de juzgar si la actitud de su hermana es correcta. Jesús, como figura patriarcal, debía ordenarle a María que se fuera a la cocina. Marta le pide a Jesús que ponga a María en su sitio. Lo interesante es que lo hace de manera muy delicada, sin poner en tela de juicio las intenciones de Jesús.

Las personas hispanas pueden relacionarse con esta historia en muchos niveles. Todos los días confrontamos barreras sociales diseñadas para «mantenernos en nuestro sitio». No estamos debidamente representados en las instituciones de educación teológica, la mayor parte de las cuales hacen muy poco par alcanzar a la comunidad latina. La ideología racista nos presenta como personas emotivas, apasionadas y hasta violentas. Los medios de comunicación masiva nos presentan como ignorantes, criminales o personas que no pueden dominar su sexualidad. Basta ver cómo las revistas de celebridades explotan la sexualidad de las personas hispanas que han alcanzado alguna fama en los Estados Unidos. Su trabajo no importa; lo que importa es su vida íntima. El hecho es que mientras la sociedad estadounidense se beneficia del trabajo de los millones de personas hispanas que viven en el país, esa masa latina está, hasta cierto punto, segregada. Esto explica por qué somos invisibles dentro de dicha sociedad.

El texto no sólo apela a la comunidad hispana por la forma en que presenta las barreras sociales. El honor es otro tema importante para el pueblo latino. Como Ismael García ha demostrado claramente en su libro *Dignidad*,[43] el honor y la dignidad personal son conceptos centrales en la cultura hispana. Notemos que Marta, aunque se queja, les da tanto a Jesús como a María la oportunidad de evitar una situación potencialmente embarazosa.

3. Una correlación de relaciones sociales

A través de este análisis, he tratado de preparar el camino para establecer la correlación entre la situación social de los personajes mencionados en el texto y la situación social de la comunidad latina. Nótese que dicha correlación toma en cuenta las fuerzas

---

43 *Dignidad: Ethics Through Hispanic Eyes* (Nashville: Abingdon Press, 1997).

económicas y sociales, no solamente las coincidencias verbales. Esta correlación nos permite superar las diferencias que producen las perspectivas feministas estadounidenses. El hecho es que tanto los hombres latinos como las mujeres latinas pueden relacionarse con la situación de marginalización que enfrentaban Marta y María. En algún momento de sus vidas, tanto latinos como latinas han escuchado como alguien les ordena volver a la «cocina» o aprender a ocupar «su sitio» en la sociedad. Todas las personas hispanas enfrentamos barreras sociales y todas somos criticadas cuando tratamos de romperlas.

Uno de los problemas más insidiosos que enfrenta la comunidad hispana es la internalización de las barreras sociales que nos ha impuesto la sociedad a través de los siglos. Como demostró Albert Memmi,[44] las situaciones de opresión fomentan un sentido de indefensión y desesperanza en la mentalidad de la persona «colonizada», que termina creyéndose inferior al «colonizador». En una sociedad opresora, el proceso de socialización le enseña a la persona oprimida que las barreras sociales injustas son normales, necesarias y hasta beneficiosas. En este pasaje, Marta es quien afirma el punto de vista que justifica los papeles tradicionales de la mujer. Jesús es quien afirma el derecho de María a estar a sus pies, a la vez que afirma el derecho de Marta a trascender las barreras sociales que la mantenían «en la cocina».

El pueblo hispano necesita trascender la mentalidad colonizada que ha internalizado a través de siglos de socialización opresiva. Por ejemplo, los libros de texto que se emplean en las escuelas públicas estadounidenses apenas mencionan personas hispanas, haciéndonos invisibles. Sin embargo, los medios de comunicación masiva, tales como los programas de televisión y las películas de Hollywood, presentan muchos personajes hispanos. Desgraciadamente, la mayor parte de estos personajes son adictos a drogas ilícitas, narcotraficantes, criminales, prostitutas o personas que dependen de ayudas gubernamentales para sobrevivir. No debe sorprendernos que personas jóvenes hispanas, influenciadas por estas imágenes desequilibradas, terminen creyendo que son moralmente corruptas moralmente o intelectualmente inferiores.

---

44 *The Colonizer and the Colonized*, Expanded edition (Boston: Beacon Press, 1991).

4. Marginación: Una metáfora clave

Podemos, pues, usar el término «marginación» como una metáfora clave para estudiar, comprender e interpretar el pasaje bíblico que nos ocupa. Jesús se relaciona con personas marginalizadas, en este caso con dos mujeres en una sociedad patriarcal. Jesús afirma su valor y sus derechos, aun cuando una de ellas rompe barreras y cruza fronteras sociales. La actitud de Jesús proclama que Dios desea relacionarse con la persona pobre, oprimida y marginalizada. Jesús llama a las personas que viven al margen de la sociedad a establecer, desarrollar y disfrutar de una relación con Dios.

En conclusión, prestemos atención a la frase «solo una cosa es necesaria» (v. 42a). Cuando pensamos en el uso del número uno en la Biblia, el recuerdo nos lleva a Deuteronomio 6:4: «Oye, Israel: Jehová, nuestro Dios, Jehová uno es» (RVR 1995). Esta frase marca el comienzo de una de las porciones bíblicas más importantes de las Sagradas Escrituras (vv. 4-7) conocida como el «Shemá» (este verbo, que comienza el versículo 4, significa tanto «escuchar» como «obedecer»). Este pasaje es tan importantes que el judaísmo ha tomado literalmente muchas de sus enseñanzas, lo que originó el uso de las «filacterias», pequeñas cajas de cuero que contienen pequeños rollos donde están escritos Éxodo 13.1-16 y Deuteronomio 6.4-9, 11.13-21. Los judíos más conservadores colocan estas cajas «como una señal en tu mano, y estarán como frontales entre tus ojos; las escribirás en los postes de tu casa y en tus puertas» (Dt. 6.8-9, RVR 1995). Queda claro que la mayor parte de las personas judías conocen este pasaje de memoria.

Sobre esta base, propongo que leamos la respuesta de Jesús al pedido de Marta a la luz del «Shemá». Jesús afirma la importancia del compromiso radical con el único Dios. De ser así, Lucas 10.42 exhorta a la comunidad cristiana a obedecer el mandato de Deuteronomio 6.6: «Estas palabras que yo te mando hoy, estarán sobre tu corazón» (Dt. 6.6). Este llamado a escuchar y a obedecer la palabra de Dios es consistente con Lucas 8.15 y 21. Finalmente, debemos notar que Lucas hace una cita directa al «Shemá» en la parábola del buen samaritano, historia que antecede inmediatamente a la de Marta y María. Lucas 10.27 cita Deuteronomio 6.5 y Levítico 19.18.

En este sentido, podemos leer la parábola del buen samaritano y el encuentro de Jesús con Marta y María como historias paralelas.

Ambas presentan personajes marginalizados cuya fe les llama a trascender barreras sociales. La parábola contesta la pregunta «¿Quién es mi prójimo»? La historia de Marta y María contesta la pregunta «¿Quién puede ser un discípulo?» La respuesta de Jesús es que toda aquella persona que está dispuesta a guardar «éstas palabras que yo te mando hoy» (Dt. 6.6; Lc. 8.15, 21) puede abrazar el discipulado cristiano. La etnicidad, el género y las demás barreras sociales no definen la participación en la comunidad cristiana. El verdadero discipulado requiere un compromiso radical con el Dios que «uno es».

5

La acción de predicar

Justo L. González

I. LA PREDICACIÓN COMO ACCIÓN COMUNITARIA

Tras explorar el proceso mediante el cual el texto bíblico se dirige al púlpito, llegamos ahora al momento en que el sermón se predica. Esto es de importancia fundamental, puesto que para el pueblo hispano el sermón no es un texto, sino más bien un acontecimiento. De igual modo que la música escrita sobre un pentagrama no es música hasta que se toca, así tampoco el bosquejo o el manuscrito para un sermón es verdaderamente sermón hasta que se predica. Aunque frecuentemente el manuscrito es cronológicamente anterior a la acción de predicar, lo que hace de un texto un sermón no es el que haya sido escrito, sino más bien el hecho de que se predica. Una vez más, la comparación con el caso de la música puede sernos útil. Aunque resulta perfectamente normal que un compositor escriba la música para una sinfonía antes de que se toque, hay otros compositores que primero tocan la música y después la escriben. Ni en un caso ni en el otro el pentagrama es lo mismo que la música. El pentagrama puede ser un modo importante de comunicar el contenido de la pieza musical a otros que no hayan podido oírla, o para recordárselo a quienes la hayan oído. Pero con todo y eso un pentagrama que no se toca no es música. De igual modo, un predicador o predicadora puede escribir el sermón antes de predicarlo. Otra puede escribirlo tras haberlo predicado. Otro puede no escribirlo nunca. Pero en ningún caso el texto escrito es verdaderamente sermón. Es la acción de predicarlo lo que hace de un texto o de un bosquejo un verdadero sermón.

Lo que es más, esa acción es comunitaria. Aunque resulta claro que en la mayoría de los casos el predicador habla y la congregación escucha, esto no implica que el predicador sea activo y la congregación pasiva. Al contrario, los mejores predicadores hispanos son quienes, aun mientras están predicando, pueden «escuchar» las respuestas tanto audibles como inaudibles de la congregación. Y la congregación que verdaderamente escucha siempre encuentra modos de hacerle saber al predicador que está escuchando. En las iglesias hispanas en los Estados Unidos, esto frecuentemente toma formas semejantes a las que existen en las iglesias de tradición afroamericana, es decir, con respuestas tales como «Amén» o «Aleluya.» En otros casos se hace mediante gestos tales como levantar las manos, sacudir pañuelos, lágrimas o risa. ¡Y en los casos negativos, la congregación le comunica su desinterés al predicador mediante los ojos entreabiertos y somnolientos!

Por todos estos medios, la congregación le está diciendo al predicador que reconoce, o que no reconoce, la Palabra de Dios en lo que el predicador está diciendo.

A su vez, el predicador tiene que aprender a escuchar lo que la congregación le dice, y a responder a ello. Es por esto que los predicadores hispanos se sorprenden ante la aparente confusión en la cultura dominante entre el manuscrito para un sermón y el sermón mismo. Frecuentemente los seminaristas hispanos se muestran perplejos cuando se les dice que «escriban» un sermón. Esto no se debe a que piensen que un sermón no deba ser bien pensado, o porque piensen que no se debe escribir lo que se va a decir, sino más bien porque si uno cree que el texto escrito es ya el sermón, se le hará muy difícil entrar en un verdadero diálogo con la congregación, y entonces el sermón, más bien que una acción, se vuelve pieza literaria. Si abandonamos nuestra imagen musical en pro de una imagen culinaria, podría decirse que el texto escrito es al sermón como la receta es al plato: la receta sirve de guía para preparar el plato, pero la receta por sí misma, sin los ingredientes adecuados, sin el fuego y el tiempo, resultará bastante insípida.

Decir que el sermón es una acción comunitaria es también un modo de ampliar la idea de Arrastía según la cual la congregación es una comunidad hermenéutica, diciendo que es también una comunidad homilética.[1] De igual modo que los buenos predicadores realizan su tarea hermenéutica en conversación con la congregación, sus

---

1 Véase el capítulo 2, n. 28.

experiencias y perspectivas, también realizan su tarea homilética en una conversación semejante.

Como resultado de todo ello, en el púlpito ha de hacerse una clara distinción entre la elegancia y la elocuencia. La elegancia es la frase bien formada, la metáfora imaginativa, el uso correcto del lenguaje. Todo esto es valioso, y el texto escrito lo mejora. Empero la elocuencia es la capacidad de comunicarse con una congregación, y tal comunicación ha de fluir en ambos sentidos

II. LA PRÁCTICA DE LA PREDICACIÓN DESDE EL PÚLPITO

Decir que el sermón es una acción comunitaria implica que el contexto y la forma de la predicación no son cuestiones periféricas. No se trata de meras «técnicas» que uno le aplica al sermón que ya ha sido escrito. Al contrario, son parte integrante del sermón mismo. El predicador ha de tener en cuenta el contexto, no sólo al preparar el sermón, sino también al predicarlo. Temas tales como el uso del idioma, de la voz y del gesto no son meros adornos, sino que son parte constitutiva del sermón. Por ello, es importante que nuestros lectores entiendan algo acerca del contexto y la práctica de la predicación hispana.

Un elemento que sorprende a muchos pastores euroamericanos en las principales denominaciones eclesiásticas es la frecuencia con que se predica en la iglesia hispana. No es inaudito el que un pastor le predique tres o cuatro veces a a la semana a la misma congregación, además de dirigir un estudio bíblico, una clase de escuela dominical, y posiblemente otra predicación evangelizadora fuera del recinto de la iglesia. Los protestantes hispanos han llevado el énfasis de la Reforma sobre la predicación a tal punto que se les hace difícil tener un servicio sin predicación, o al menos una breve homilía. A veces hasta lo que se anuncia como un «culto de oración» incluye una homilía.

La predicación hispana no es sólo frecuente, sino también extensa. Aunque al presente existe la tendencia en algunos círculos a reducir el tiempo dedicado al sermón, en la mayoría de las congregaciones no se piensa que cuarenta minutos sea demasiado, y hay muchas congregaciones en las que se piensa que todo lo que no llegue a una hora de predicación es demasiado breve. (Muchos predicadores hispanos que por alguna razón se han acostumbrado al sermón «normal» de veinte minutos en la iglesia angloamericana pueden dar testimonio de experiencias semejantes a la que tuve hace algún tiempo. Tras predicar un sermón de unos treinta minutos en una congregación hispana, el pastor se puso en pie y dijo: «Hermano, con eso no basta. ¡Siga alimentándonos!» La congregación respondió con un fuerte «Amén», y no tuve otro remedio sino continuar predicando por media hora más.)

La extensión del sermón en las iglesias hispanas afecta tanto su estructura como su preparación. En cuanto a la estructura, el sermón hispano típico varía según la congregación. Si la congregación se compone principalmente de personas de la cultura dominante, y se espera que el sermón no sea de más de veinte o veinticinco minutos, las estructuras que se emplean son muy semejantes a las que se estudian en los manuales homiléticos de la cultura dominante. Si, por otra parte, se espera que el sermón ha de durar por lo menos cuarenta minutos, esto tiene dos posibles consecuencias: en primer lugar, habrá más digresiones. No es poco frecuente el que un predicador hispano emplee diez minutos para discutir un tema secundario, y luego vuelva al tema central del sermón. En segundo lugar, es muy posible que el sermón trate de llevar a la congregación a más de una conclusión, con el peligro de que entonces pierda coherencia y hasta impacto. En tales casos, hay predicadores que toman un solo texto y de él extraen tres temas con escasa relación entre sí, para luego predicar lo que en realidad son tres sermones consecutivos.

Continuando todavía con el tema de la estructura, un buen predicador hispano sabe que ninguna congregación podrá mantener la atención fija por un período de cuarenta minutos a una hora, y por lo tanto emplea una serie de recursos que son menos comunes en los sermones de la cultura dominante. Esta es una de las razones por las que los predicadores hispanos tienden a ser más dramáticos, y a apelar a las emociones mucho más que otros predicadores. En cuanto a la estructura del sermón, un modo de mantener la atención de la congregación por largo tiempo es resumir repetidamente lo que se ha dicho, de modo que aquellos cuya mente ha divagado puedan regresar al sermón.

La extensión del sermón promedio, junto a la frecuencia de la predicación, también tiene consecuencias en cuanto a la preparación del sermón. Una de las razones por las que son pocos los predicadores hispanos que escriben el texto del sermón antes de predicarlo es sencillamente que no tienen el tiempo para ello. Mientras el pastor angloamericano típico en una denominación tradicional tiene que escribir de seis a ocho páginas por semana, un pastor hispano típico tendría que escribir más de cuarenta. Aunque en la mayoría de las iglesias hispanas el sermón es el centro del culto, los pastores de esas iglesias normalmente tienen muchas otras responsabilidades, y les sería completamente imposible escribir palabra por palabra cada sermón que van a predicar. Muchos pastores hispanos tienen además otro empleo del cual derivan buena parte de sus ingresos. Frecuentemente esto se compara con el ministerio de Pablo, quien se dedicaba a hacer tiendas al tiempo que viajaba predicando. Luego, la costumbre de no escribir por completo el texto de un sermón se basa no sólo en consideraciones teóricas, sino también en razones prácticas. Una interesante consecuencia de esta situación es que la mayor parte de los sermones que los predicadores hispanos han escrito son relativamente breves, y fueron preparados para predicarse ante congregaciones de la cultura dominante, por no más de veinte o veinticinco minutos. Aunque hay colecciones de sermones predicados ante congregaciones hispanas, la mayoría de ellos fueron escritos después de ser predicados.[2] En la práctica, la mayoría de los predicadores hispanos predican sobre la base de un bosquejo más bien que de un texto escrito. Con todo y ello, muchos antes han practicado en su propia mente las palabras exactas que han de emplear, al menos en algunos de los puntos centrales del sermón.

Naturalmente, este carácter semiextemporáneo de la predicación hispana contribuye también a su carácter dialógico, en el que el predicador, aun cuando nadie más hable, está en conversación con la congregación, y va ajustando su sermón según esa conversación lo requiera.

III. LA PREDICACIÓN EN UN CONTEXTO BICULTURAL

Como se ha dicho, la comunidad hispana en los Estados Unidos es bilingüe y bicultural en diversos grados. Al tiempo que algunos

2 Véase el capítulo 2, n. 37.

prefieren el inglés, otros prefieren el castellano, y muchos no saben exactamente cuál de las dos lenguas es primordial en su propia identidad. En la mayoría de las congregaciones hispanas, se encuentran presentes personas de cada uno de estos grupos. Frecuentemente, aunque no siempre, los diversos grados de aculturación dentro del medio ambiente norteamericano también representan diversas generaciones, de modo que las personas mayores se han adaptado menos a la cultura, y las jóvenes se han adaptado más.

En tales condiciones, la predicación efectiva siempre ha de tener dimensiones biculturales y bilingües. Según sus diversas condiciones y capacidades, las congregaciones y predicadores hispanos responden a esta necesidad de diferentes modos. En lo que parece ser la mayoría de los casos, los servicios tienen lugar principalmente en español, y lo mismo es cierto del sermón. Pero en tales iglesias también es común cantar en inglés algunos himnos, y algunos predicadores incluyen en sus sermones algunas frases, expresiones y hasta párrafos en inglés. Al otro extremo, hay iglesias hispanas donde domina la lengua inglesa, pero aun en tales casos los viejos himnos favoritos se cantan en castellano. En un número cada vez mayor de iglesias, se navega entre estos dos extremos, de modo que se le dedica mayor atención al bilingüismo, decidiendo de antemano qué se va a hacer en un idioma o en otro. Algunas congregaciones tienen dos servicios, ambos bilingües, pero uno de ellos con más inglés que castellano, y el otro en sentido contrario. Muchos pastores predican en un idioma y resumen lo que dicen en el otro.

Algunos traducen su sermón según lo van predicando. Cada vez hay más predicadores duchos en un estilo de predicación en el que se dicen unas pocas oraciones en inglés, las próximas en español y luego se regresa al inglés, y todo esto se hace de tal modo que quien entiende poco de cualquiera de los dos idiomas pueda seguir el sermón, pero que al mismo tiempo quien entiende ambos idiomas no escuche lo mismo dos veces.[3]

Al tiempo que este biculturalismo resulta más evidente dentro de las congregaciones hispanas mismas, es siempre factor presente en cualquier sermón por un predicador hispano. Cuando cualquiera de nosotros se encuentra en el púlpito de una congregación en la que la

---

3 Véase, como ejemplo de esto, el sermón que aparece más adelante, «Poder para salvación».

mayoría pertenece a la cultura dominante, ya existe una situación bicultural, excepto que en este caso la línea divisoria no se encuentra dentro de la congregación, sino más bien entre la congregación y el predicador. Nuestra presencia misma es una palabra bilingüe y bicultural. Naturalmente, en tales casos nos adaptamos a las necesidades de la congregación hablando en inglés; empero nuestro acento, nuestro nombre y nuestra cultura no pueden ocultarse. Como se ha mostrado en los capítulos anteriores, nuestras diferentes experiencias y perspectivas culturales nos llevan a posturas teológicas y hermenéuticas diferentes. Empero esto no ha de verse como una dificultad, sino más bien como una ventaja que enriquece a la iglesia toda. Es sobre ese fundamento que la mayoría de los predicadores hispanos, en lugar de tratar de dejar a un lado su identidad latina cuando se encuentran en una congregación de la cultura dominante, emplean esa identidad como herramienta hermenéutica y a veces hasta como ilustración viva del alcance y las demandas del Evangelio.

Se impone entonces una palabra final sobre el bilingüismo. Es importante que no lo veamos como una dificultad que vencer, sino más bien como un caso de la «escatología subversiva» que me referí en el capítulo 3. Ciertamente la presencia de más de un idioma y cultura dentro de una congregación crea dificultades. Todo resulta mucho más fácil cuando todos los presentes hablan el mismo idioma y participan de la misma cultura. Empero sabemos que el futuro que la iglesia espera incluye una gran multitud de gentes de toda nación, tribu, pueblo y lengua (Apocalipsis 7:9). Por tanto, cada vez que la iglesia encuentra modos de adorar y de vivir en modos multiculturales y multilingües, se vuelve señal subversiva de ese futuro que proclama.

IV. LA CLASE, EL GÉNERO Y EL STATUS EN EL PÚLPITO

En cuanto a ocupar el púlpito se refiere, en la mayoría de las iglesias hispanas la distinción entre el clero y el laicado es menos marcada que en las de la cultura dominante. Como ya se ha señalado, en el catolicismo romano latino buena parte de la piedad popular centra en ritos dirigidos por laicos. Esto era mucho más notable antes del Segundo Concilio Vaticano, cuando la misa se decía en latín y rara vez se predicaba en ella. Puesto que la viabilidad de tales ritos en situaciones en las que escaseaban los sacerdotes dependía precisamente de su dirección laica, hay todo un sector de la iglesia católica hispana que está bastante acostumbrado al liderato laico, y para quienes el sacerdocio es una capa añadida a la tradición subyacente del liderato laico. Para otro sector más conservador del catolicismo hispano, la misa es el momento inigualable en el culto cristiano, y ello naturalmente excluye al laicado de presidir sobre el culto, y normalmente también de la predicación en la misa. Empero esto deja el campo abierto para los laicos en lo que se refiere a funciones supuestamente menos importantes. Esto incluye varias formas de predicación. Es notable el hecho de que en años recientes han aparecido dentro de la iglesia católica hispana en los Estados Unidos buen número de programas que se anuncian como preparación para «los ministerios laicos», y muchos de los cuales incluyen cursos muy parecidos a los de homilética que se dan en los seminarios protestantes.

Para los protestantes hispanos, la distinción entre el clero y el laicado en el púlpito tiende a opacarse debido a la práctica de los «testimonios». Tales testimonios son parte frecuente del servicio de adoración en la mayoría de las iglesias pentecostales, y se vuelven cada vez más comunes en el resto de las denominaciones protestantes. Un «testimonio» es un breve discurso en el que algún creyente expresa lo que Dios ha hecho por él o ella. Algunos hablan acerca de su conversión y de la nueva vida que han recibido de Dios. Otros testifican de oraciones que han recibido respuesta. En los mejores casos, tales testimonios se centran en la acción y el amor de Dios, y por lo tanto vienen a ser una proclamación contextualizada del Evangelio.

Puesto que es bastante común el que haya varios de estos testimonios en un solo servicio de adoración, frecuentemente cuando el predicador oficial sube al púlpito varias personas laicas ya lo han ocupado. Puesto que muchos testimonios comienzan con la lectura de una pasaje bíblico, y casi siempre se refieren directamente a las Escrituras, la distinción entre el testimonio y el sermón se opaca, al punto de que en la práctica el testimonio viene a ser para muchos un modo de prepararse para el día en que han de ser predicadores. También se acostumbra en muchas iglesias protestantes hispanas invitar al laicado a preparar y dirigir el orden de culto. Esto lo hacen desde el púlpito, lo cual contribuye una vez más a la desmitificación del púlpito.

Otras prácticas llevan en la misma dirección. Es frecuente que las iglesias tengan una «semana de la juventud» y una «semana del laicado», en las que algún joven y algún laico predican. Empero, lo que más capacita al laicado para la predicación es su involucración en la tarea evangelizadora. Una de las formas más comunes de evangelización en el protestantismo hispano, tanto en los Estados Unidos como en América Latina es el «culto de barrio», en el que se invita a los vecinos a un servicio en la casa de algún creyente. Puesto que frecuentemente hay varios de estos cultos de barrio al mismo tiempo, la predicación recae sobre los laicos. Esto a su vez produce un cuadro de laicos que se sienten llamados a predicar. Es notable el hecho de que cuando los seminarios u otras instituciones semejantes ofrecen cursos para el laicado uno de los temas más populares es la predicación. Esto contrasta con la experiencia entre la cultura dominante, pues los laicos de esa cultura tienden a pedir cursos sobre la vida cotidiana, las responsabilidades éticas del trabajo, etc. En la iglesia hispana, la predicación es ocupación, no sólo de quienes han sido llamados al ministerio ordenado, sino también de buena parte del laicado.

Una consecuencia de esto es que el predicador, particularmente el predicador protestante, ha de acercarse al púlpito con una autoridad distinta de la que le confieren la ordenación o el nombramiento eclesiástico. Hasta el sacerdote católico romano ha de fundamentar su autoridad en algo más allá de su ordenación, por muy importante que esa ordenación sea para él, puesto que existe un fuerte anticlericalismo en las culturas y tradiciones latinas. La figura del sacerdote en buena parte de la literatura y el folklore latinoamericanos no conlleva mucho respeto. Por tanto, el mero hecho de estar en el púlpito no le da al predicador hispano autoridad particular alguna. Las congregaciones que escuchan varios «testimonios» por semana pronto aprenden que no todo lo que se dice desde el púlpito ha de ser recibido con igual autoridad. Para muchas de esas congregaciones, hay dos señales importantes de la autoridad del predicador: la sabiduría y la Biblia.

La sabiduría que tales congregaciones hispanas buscan en sus predicadores incluye el conocimiento, pero va mucho más allá. Mientras el conocimiento recibe amplio respeto —particularmente el conocimiento de la Biblia y de sus temas afines— siempre se sospecha de él si no va acompañado y hasta gobernado por la sabiduría. Lo que es más, la confianza excesiva en el conocimiento por parte de algunos de los predicadores que tienen más estudios es una de las principales razones por las que en algunas iglesias hispanas se sospecha de la educación teológica en general, y de los seminarios en particular. Lo que al observador foráneo pudiera parecer una actitud antiintelectual es en realidad un reclamo de sabiduría aun por encima del conocimiento. La sabiduría así entendida es una combinación de sentido común con integridad personal, visión, sensibilidad, seriedad de propósito y buen humor. Ciertamente requiere por lo menos una medida de conocimiento, pero de un conocimiento que se sujeta a los otros elementos de la sabiduría y al bienestar de la comunidad. La sabiduría es lo que le permite al predicador escuchar lo que la congregación le dice y dialogar con ella aun en la acción misma de predicar. Casi podría decirse que muchas congregaciones hispanas reaccionan ante el conocimiento como si fuese un espectáculo, mientras que la sabiduría es la esencia misma del verdadero sermón, del sermón como acontecimiento comunitario.

La otra fuente de autoridad para el predicador hispano es la Escritura. Una vez más, esa autoridad resulta particularmente necesaria porque las congregaciones hispanas rara vez le conceden autoridad al predicador o la predicadora sobre la base de su educación, ordenación o nombramiento. Es por esta razón, así como porque eso fue lo que se nos enseñó, que la predicación hispana siempre ha tenido un fuerte contenido bíblico. En la predicación más tradicional, esto quiere decir que el predicador construye un argumento hilando una serie de textos, frecuentemente citando capítulos y versículos. En buena parte de esa predicación tradicional cada oración termina con una referencia al libro, capítulo y versículo en que se encuentra la base para lo que se dice. Es a esto a que el capítulo 2 llama «sermón de referencias y concordancia».

Empero la mejor predicación hispana, al tiempo que se fundamenta en la Biblia, lo hace de otro modo. No considera el texto sagrado una cantera de la cual extraer textos para probar sus puntos, sino que trata seriamente con cada sección del texto, pidiéndole que interprete la situación y el llamado tanto del predicador como de la congregación. Esta es la predicación que se fundamenta en la hermenéutica discutida en el último capítulo, y que por lo tanto puede ofrecerles, no sólo a los hispanos, sino a la iglesia toda, un nuevo aprecio hacia el texto sagrado y su pertinencia para hoy. Ciertamente, esto no quiere decir que toda buena predicación hispana sea expositiva. La narración también es válida y valiosa como instrumento hermenéutico y homilético.

Si el status de ser ordenado o no funciona diferentemente en las iglesias hispanas, lo mismo es cierto de la clase y el género.

En todas las congregacones hispanas, así como en las congregaciones de la cultura dominante en los Estados Unidos, existe cierta estratificación de clase. Pero en las iglesias hispanas esto no llega al punto en que existe en las congregaciones de la cultura dominante. En algunas iglesias hispanas no hay persona alguna de las clases más elevadas de la sociedad. Esto se debe principalmente a que tales personas escasean también en la comunidad hispana misma. Empero, una vez que se ha reconocido tal situación, hay que añadir que la mayoría de las iglesias hispanas son un reflejo bastante fiel de la comunidad en que están. Por lo general, la mayoría de los miembros son pobres, puesto que pobres son también la mayoría de las personas de la comunidad latina. Más en prácticamente toda congregación hispana hay también personas de condición social y económica más elevada. Lo mismo es cierto respecto a los niveles de educación, puesto que nuestras congregaciones frecuentemente incluyen a personas analfabetas quienes se sientan junto a profesores universitarios. Una razón para ello es que muchas de estas personas más altamente educadas provienen de las clases bajas, y saben que al menos parte de su éxito se debe a la iglesia. Por esa razón, según avanzan en la pirámide social muchos sienten que sería ingrato abandonar la iglesia que les apoyó en sus luchas tempranas y les mostró el camino al éxito. Aunque otros siguen la trayectoria opuesta, olvidándose de la iglesia que les ayudó, los que permanecen en la iglesia son número suficiente para mantener la diversidad social en la congregación. Otra razón es que puesto que muchas de estas personas son el primer miembro de la familia que ha alcanzado títulos universitarios, si han de continuar adorando con su familia han de hacerlo en la iglesia en que el resto de su familia se congrega. Por último, una tercera razón bien puede ser que la adoración hispana tiende a darle más campo a lo estético y a las emociones que el culto tradicional de la iglesia anglosajona, que tiende a concentrar su atención en el entendimiento. Cuando el servicio consiste principalmente de palabras e ideas, entonces o bien quienes carecen de educación no podrán participar, o bien quienes tienen mayor educación declararán que es simplista y carente de pertinencia. Si, por otra parte, el culto apela no sólo al intelecto, sino también a las emociones y los sentidos, entonces es más fácil sobreponerse a las diferencias en niveles de educación formal.

El resultado neto de todo esto en lo que se refiere a nuestro tema es que quienes ocupan el púlpito no necesitan un nivel de educación comparable con los más educados de la congregación. Ciertamente necesitan la sabiduría que les dé autoridad para predicarles a tales personas. Necesitan la sabiduría para servir como pastores a un pueblo involucrado en situaciones y actividades que muchos de ellos no pueden entender. Esa sabiduría también ha de guiarles para entender y aceptar el hecho de que tienen que tomar en cuenta el conocimiento que otros pueden tener y a ellos les falta. Necesitan conocimiento a fin de poder interpretar y proclamar las Escrituras con fidelidad. Por ello necesitan de la educación teológica a cualquier nivel que les sea asequible. Pero repetidamente visito congregaciones latinas a través de los Estados Unidos en las que encuentro gran número de predicadores y predicadoras de gran sabiduría e inteligencia cuyo nivel de educación se encuentra muy por debajo del de buena parte de su grey. Y sin embargo, esas congregaciones les respetan, y escuchan en la predicación Palabra de Dios para sus propias vidas. Puesto que en otro lugar he comparado la iglesia hispana con una familia extensa,[4] bien podría decirse que en la iglesia las diferencias de clase tienden a disminuir, y que la autoridad de sus dirigentes tiene que ver más con su sabiduría y con su capacidad de relacionar lo que dicen con el Evangelio que con cualquier instrumento de validación foráneo, de igual modo que en una familia extensa se le concede autoridad a las personas cuya sabiduría se demuestra a través de los años.

Las cuestiones de género también impactan el púlpito hispano. Lo impactan ante todo porque somos herederos de una cultura que distingue fuertemente entre los papeles apropiados para cada género, y frecuentemente lo hace de manera opresiva. Tal situación ha empeorado debido a elementos de la cultura dominante que han intentado fundamentar esas diferencias, así como otras que los misioneros nos trajeron, sobre la Biblia y la voluntad de Dios. Afortunadamente, la suerte de predicador a quien aquí nos referimos por lo general se encuentra más allá de los debates acerca del papel de la mujer en la iglesia y la sociedad, la ordenación de las mujeres, y otros temas semejantes. Lo que es más, en buena parte de la comunidad hispana las mujeres predicadoras han tomado posición de vanguardia, no solamente en lo que podría llamarse «cuestiones femeninas», sino en todos los temas que se discuten en este libro.

---

4 Véase el capítulo 3, n. 5

Un punto en el cual la cuestión del género todavía se debate en las iglesias hispanas, y para el cual no se ha encontrado solución adecuada, es la cuestión del lenguaje y el género. En la lengua inglesa, el género gramatical se refiere siempre al sexo de la persona o animal a que se refiere. En consecuencia, la cuestión de la inclusividad de género se resuelve con relativa facilidad con sólo incluir siempre a personas o animales de ambos géneros. Así, por ejemplo, nos referimos a «brothers and sisters», «fathers and mothers», «bulls and cows», etc. Algunas de las soluciones que se han encontrado en inglés tienen pertinencia para el castellano, como por ejemplo, la de referirse a la «humanidad» más bien que al «hombre». Empero, en castellano el género gramatical no siempre corresponde al sexo. Así, por ejemplo, toda «persona» es femenina y requiere artículos y adjetivos femeninos, aunque se trate de un varón. De igual modo, todo «individuo» es masculino, y requiere formas correspondientes masculinas, aun cuando se trate de una mujer. Por ello una persona monolingüe de habla inglesa no puede comprender ni siquiera concebir el sentido de palabras tales como «femenino» o «masculina». Tampoco podría entender las referencias de Unamuno a Santa Teresa como «padraza» y a San Juan como «madrecito». Y lo mismo sucede con el término «patria», que tiene una raíz con sentido masculino (*pater*) y una desinencia femenina. Para complicar las cosas, es bien sabido que en la gramática castellana hay al menos cinco géneros —además del masculino y el femenino, el neutro, el epiceno y el ambiguo.

La consecuencia de todo esto es que las soluciones que se encuentran en inglés para que la predicación y el lenguaje religioso sean más inclusivos en términos de género sencillamente casi nunca funcionan en castellano. La consecuencia de esto es que una de las tareas más difíciles de los predicadores hispanos en el día de hoy es buscar la manera de que su lenguaje incluya tanto a los varones como a las mujeres al mismo tiempo que continúe siendo el idioma castellano. Esto se logra algunas veces mediante giros parecidos a los que se usan en inglés. Por ejemplo, nos referimos a «el pastor o la pastora», o a «la predicadora o el predicador». Al referirse a Dios, muchos predicadores usan téminos tanto masculinos como femeninos, hablando unas veces de Dios y otras de «la Divina Trinidad» o «la Providencia», términos que requieren artículos y adjetivos femeninos. Por último, la manera más común de romper los estereotipos de género en el púlpito hispano consiste en utilizar ejemplos y referencias femeninas cuando se espera una forma masculina, y viceversa. Por ejemplo, podemos hablar de «el secretario de la doctora».

Por otra parte, en algunas ocasiones la cuestión de género lleva a conflictos con la integridad de la cultura y el lenguaje. Así, por ejemplo, en cierta ocasión vi una oración escrita por algunos feministas que no entendían la lógica interna de la lengua española en la que decían algo así como: «Nosotros y nosotras, los que y las que confesamos nuestros pecados, somos pecadoras y pecadores ante Dios». En breve, la cuestión sigue abierta, y todavía queda mucho camino por andar respecto a ella.

V. Conclusión

Con tantas influencias y realidades presentes, bien podría decirse que el púlpito es un lugar bastante incómodo. ¡Casi podría decirse que está atiborrado de intereses, conflictos y dificultades! El púlpito es entonces un lugar incómodo, inseguro y hasta amenazante. Pararse tras él es tarea difícil y responsabilidad sobrecogedora, tanto más por cuanto decimos y esperamos que de algún modo la Palabra de Dios hablará a través de nuestras mezquinas palabras.

Cuando así se le describe, el colocarse tras el púlpito conlleva una tarea imposible. Pero se trata de una tarea que la gracia de Dios hace posible. Por lo tanto, el hecho mismo de que nos atrevamos a colocarnos tras ese púlpito complejo, inseguro y amenazante es en sí testimonio de la gracia de Dios que predicamos, y sin la cual jamás nos atreveríamos a hacerlo.

Segunda parte

En el púlpito

6

La ilusión del honor

Pablo A. Jiménez

Este sermón, basado en Génesis 4.1-10, fue predicado en el servicio de consolación llevado a cabo en la Iglesia Cristiana «La Hermosa» (Discípulos de Cristo), por la Convención Hispana del Noreste, el 14 de octubre de 2001. Desgraciadamente, tres de los jóvenes que murieron en las torres gemelas eran miembros de dos congregaciones hispanas de dicha denominación. El tema del sermón es que Dios no justifica el asesinato, aun cuando se haga en nombre del honor. El propósito del mismo es ofrecer cuidado pastoral a la comunidad afectada por estos actos terroristas, ofreciendo herramientas para comprender teológicamente los eventos del 11 de septiembre. Este es un sermón expositivo que sigue una lógica inductiva.[1]

INTRODUCCIÓN

Hace un tiempo descubrí un pequeño restaurante de comida árabe, muy cerca de mi oficina, en la ciudad de Indianápolis. Con alegría vi que tenían «baklava», un postre hecho con nueces, azúcar morena, y hojaldre. Mientras decidía si debía romper mi dieta o no, el dueño del restaurante me miró con curiosidad y me preguntó: «¿De qué país viene usted?» Le respondí: «De Puerto Rico, una isla del Caribe».

---

1 La versión inglesa de este sermón, fue publicada como «Elusive Honor» en *Shaken Foundations: Sermons from America's Pulpits after the Terrorist Attacks*, editado por David P. Polk. (St. Louis: Chalice Press, 2001), pp. 104-109.

Sorprendido, me dijo: «Usted parece árabe. Debe tener sangre de los moros que vivieron tiempo atrás en España. Yo soy libanés. Total, todos venimos de la cuenca del Mar Mediterráneo.»

Sí, todas las personas hispanas tenemos raíces en la cuenca del Mediterráneo. Esto explica los puntos de contacto entre la cultura hispana y las culturas bíblicas. Por ejemplo, el pueblo latino tiene un alto sentido del honor, al igual que los pueblos hebreos y árabes.

El honor es un valor muy importante en la Biblia. Puede ser muy positivo, pero también puede tener consecuencias negativas. Es positivo cuando nos inspira a hacer el bien, a cumplir nuestra palabra, y a actuar de acuerdo a nuestros ideales. Pero es un valor negativo cuando inspira sentimientos de falso orgullo y de venganza. De hecho, el falso sentido del honor es lo que inspira la primera tragedia de la Biblia: la muerte de Abel a manos de su hermano Caín.

El pecado de Caín

De acuerdo a las Sagradas Escrituras, Adán y Eva, la primera pareja de seres humanos, tuvieron dos hijos (Gn 4.1). El mayor se llamaba Caín, y cuando creció se dedicó a cultivar la tierra. El menor se llamó Abel, y se dedicó a pastorear ovejas (v. 2).

Con el tiempo, Caín y Abel llegaron a ser hombres. Con la madurez, vino la responsabilidad de participar del culto de adoración a Dios. Como sabemos, en los tiempos del Antiguo Israel los sacrificios de animales y la presentación de los frutos del campo eran parte de la adoración a Dios. Es decir, estas eran las «ofrendas» que los creyentes llevaban al altar de Dios.

De acuerdo al relato del Génesis, Caín presentó como ofrenda a Dios parte del fruto que había cosechado (v. 3). Del mismo modo, Abel presentó una oveja como sacrificio a Dios (v. 4). Es decir, cada hermano trajo consigo una ofrenda que representaba el trabajo que llevaba a cabo diariamente.

Dios consideró las ofrendas de ambos hermanos, mirando con agrado «a Abel y a su ofrenda» (v. 4b). Muchas personas han tratado de explicar por qué Dios prefirió la ofrenda del hermano menor. Podríamos esbozar algunas de esas teorías, defendiendo a Dios en el proceso. Sin embargo, Dios no necesita defensa. Sencillamente, la Biblia indica que una ofrenda fue agradable y la otra no, sin dar razón o explicación alguna.

Caín reaccionó con dolor al juicio de Dios. De hecho, la Biblia lo describe en términos que evocan un estado depresivo: «Por lo cuál Caín se enojó en gran manera y decayó su semblante» (v. 5b). Sin embargo, tratar de sicologizar este texto sería un error. Caín no reacciona de manera negativa porque necesitaba «Prozac» o porque padecía de desorden bipolar (la condición mental que está de moda). Por el contrario, Caín reacciona negativamente porque entiende que la decisión de Dios le ha deshonrado públicamente.

En los tiempos de la Biblia, los hermanos mayores tenían más autoridad y más derechos que el resto de la familia. Heredaban una «doble porción», es decir, dos veces la cantidad de dinero y propiedades que los demás. En ausencia del Padre, actuaban como jefes de familia. Después de la muerte del padre, se convertían en los líderes del clan familiar.

El hijo mayor también debía prepararse para tomar las riendas de la vida espiritual de la familia. El jefe de familia era quien dirigía las devociones familiares, quien intercedía a Dios en oración por los miembros de su casa, y quien repartía la bendición divina a cada cual. Por derecho, pues, el liderazgo espiritual le correspondía a Caín, no a Abel. El rechazo de su sacrificio se convirtió en una afrenta, una vejación, una deshonra.

Es precisamente este sentido de falso honor lo que mueve a Caín a asesinar a su hermano Abel. Su honor, violentado por el rechazo de Dios, le lleva a «limpiar la afrenta» causada por el sacrificio de su hermano.

Dios, quien ve el corazón de Caín, le indica que debe calmarse. Dios le llama a actuar con rectitud, si desea recibir honor. Dios le advierte que «el pecado está a la puerta, acechando» (v. 7b), listo para tomar control de su vida. Caín no escucha la advertencia de Dios. Por el contrario, cegado por la venganza, anda en busca de su hermano. Con engaños, le lleva al campo y lo asesina (v. 8).

Dios va al encuentro del hermano fraticida y pregunta por el paradero de Abel. Dios le da al hermano asesino la oportunidad de confesar su pecado. Caín contesta con desdén, expresando una de las frases más cínicas de toda la Biblia: «No sé. ¿Soy yo acaso guarda de mi hermano?» (v. 9). Ofendido por el cinismo y la mentira, Dios confronta a Caín, diciendo: «¿Qué has hecho? La voz de la sangre de tu hermano clama a mí desde la tierra» (v. 10).

EL ATAQUE A LAS «TORRES GEMELAS»

¡La voz de la sangre de nuestros hermanos clama a Dios desde la ciudad de Nueva York!

La tragedia experimentada el pasado 11 de septiembre es un triste ejemplo de las consecuencias del pecado que, escondido como un ladrón detrás de una puerta, está listo a despojarnos. El ataque a las dos torres que formaban parte del «World Trade Center» es un hecho infame, que será recordado como un acto vil y cobarde. El asesinato de miles de personas inocentes, las heridas a miles de obreros y transeúntes, y el terror sembrado en los corazones de los habitantes de esta gran ciudad son actos pecaminosos, actos que Dios repudia y rechaza de manera definitiva.

Desde el momento en que ocurrió el primer ataque, muchas personas se han preguntado: ¿Por qué Dios permitió esta tragedia? Debe quedar claro, pues, que Dios no es el responsable de la maldad humana.

Dios no dirigió el destino de estos asesinos, ni les ayudó a hacer sus fechorías.

Dios no castigó a las personas asesinadas en los aviones, ni a las desaparecidas en los derrumbes.

Dios no se complace de la maldad humana.

Estos actos asesinos demuestran que en este mundo hay personas que dedican sus vidas a practicar el mal, a servir al pecado, y a ser agentes de la muerte.

Dios rechaza y combate tanto a las fuerzas de la muerte como a quienes les sirven.

El Dios de la vida desea que toda la humanidad disfrute la vida a plenitud, gozando del bien, bendiciendo a los demás con alegría.

El Dios cristiano no mata a nadie; el Dios de la vida no es un asesino.

La muerte de José D. Sánchez, de Esmerlin Salcedo, de Eliezer Jiménez y de tantas otras personas relacionadas a nuestras congregaciones vino a consecuencia del pecado humano, no de la voluntad divina. Es consecuencia de un acto de venganza, perpetrado por una pandilla de hombres que, como Caín, estaban tratando de limpiar su honor.

«¿Venganza?» podrá preguntar usted. «¿Venganza de qué?» Son actos de venganza por la pasada hegemonía de Gran Bretaña sobre los países árabes; por la muerte de miles de palestinos durante los pasados 53 años; por la muerte de cientos de civiles libaneses; por la pérdida de más de un cuarto de millón de soldados iraquíes; y por la forma en que los Estados Unidos reclutó, entrenó, y financió a la guerrilla afgana para luchar contra el ejercito soviético, sólo para luego abandonarla en el proceso.

Los asesinos del 11 de septiembre pensaron que el asesinato de miles de personas inocentes vengaría la muerte de sus antepasados, de sus amigos, y de sus familiares. Al igual que Caín, un falso sentido del honor les llevó a cometer un acto infame.

Nuestro país debe recordar la lección de este texto bíblico, evitando así dejarse llevar por un sentido equivocado del honor. De otro modo, nuestra sed de venganza sólo logrará causar más tragedias en los países árabes e islámicos. Tragedias que, a su vez, serán vengadas por las próximas generaciones. Debemos hacer todo lo posible por evitar caer en un círculo de venganza.

Creo que debemos aprender tanto del texto bíblico como de la triste experiencia del 11 de septiembre que la venganza es un instrumento del pecado que debemos rechazar. Debemos, pues, orar a Dios pidiendo que nos libre de estos sentimientos de venganza. *Aprendamos pues, que el asesinato no se justifica, aun cuando se haga en nombre del honor.*

CONCLUSIÓN

A pesar de mis palabras, muchos podrían todavía preguntar: «¿Dónde estaba Dios cuando se estaban derrumbando las torres?» No sé. No puedo contestar esa pregunta de manera definitiva.

Sólo puedo indicarles mi sospecha de que la clave para contestar esa pregunta desde una perspectiva cristiana está en la cruz de Jesucristo. Jesús también murió de manera trágica, a manos de una elite religiosa deseosa de castigar al blasfemo, es decir, al maestro cuyas enseñanzas habían «deshonrado» su religión. A manos de un aparato militar deseoso de castigar al subversivo, que se había declarado rey de los judíos, deshonrando así al emperador romano.

Estoy convencido de que el pasado 11 de septiembre Jesús estaba en su cruz, muriendo de forma trágica una vez más. Estoy convencido de que aquel día Jesús fue sepultado en el alud de metal y concreto que quedó en lugar de los antes imponentes edificios. Y estoy convencido, de que aquellas personas que mueren con Cristo, resucitarán juntamente con él.

7

Una Iglesia, una visión, una misión

Pablo A. Jiménez

Sermón basado en Marcos 10.46-52, predicado el 12 de febrero de 2004 en la Convención de la Iglesia Cristiana (Discípulos de Cristo) en Puerto Rico. Es un sermón expositivo que coloca el pasaje que estudia (el ciego Bartimeo) dentro de un contexto más amplio. Su tema central es que Jesús nos llama a llevar el mensaje del evangelio a las personas que se encuentran al margen de la comunidad cristiana, aunque a veces somos, no como Bartimeo, sino como el otro ciego de Betsaida que solamente veía formas confusas. Su propósito principal es llamar a la audiencia a llevar el mensaje del evangelio a las comunidades marginadas del país. Sigue una lógica inductiva y presenta un desafío a la audiencia, compuesta de pastores y líderes de la denominación.

TEXTO BÍBLICO

Llegaron a Jericó. Y cuando Jesús ya salía de la ciudad, seguido de sus discípulos y de mucha gente, un mendigo ciego llamado Bartimeo, hijo de Timeo, estaba sentado junto al camino. Al oir que era Jesús de Nararet, el ciego comenzó a gritar:

—¡Jesús, Hijo de David, ten compasión de mí!

Muchos le reprendían para que se callara, pero él gritaba más todavía:

—¡Hijo de David, ten compasión de mí!

Entonces Jesús se detuvo, y dijo:
—Llámenlo.
Llamaron al ciego, diciéndole:
—Animo, levántate, te está llamando.
El ciego arrojó su capa, y dando un salto se acercó a Jesús, que le preguntó:
—¿Qué quieres que haga por ti?
El ciego le contesto:
—Maestro, quiero recobrar la vista.
Jesús le dijo:
—Puedes irte; por tu fe has sido sanado
En aquel mismo instante el ciego recobró la vista, y siguió a Jesús por el camino

Marcos 10:46-52, (Versión «Dios habla hoy»)

Introducción

Un solo Señor; cuatro Evangelios. El Nuevo Testamento ofrece cuatro versiones distintas sobre la vida de Jesús. Cada una tiene su propio tono, sus propios énfasis y hasta su propia teología. Esta diversidad de perspectivas sobre la fe cristiana es quizás la característica más importante del Nuevo Testamento.

Tomemos, a manera de ejemplo, el Evangelio según San Marcos. Este documento presenta a Jesús como un rabino carismático que hacía milagros y echaba fuera demonios. De acuerdo a Marcos, Jesús enseñaba usando frases e historias cortas y, en muy contadas ocasiones, ofrecía discursos. Esta perspectiva contrasta con la visión de los otros evangelios, donde se recalca el ministerio educativo de Jesús sobre sus milagros.

En el país de los ciegos

Otro elemento distintivo de Marcos es su descripción de los discípulos de Jesús. Una y otra vez, Marcos afirma que los discípulos no entendían el mensaje de Jesús. Tampoco comprendían bien quién era Jesús ni comprendían todo el alcance de su ministerio.

La sección que recalca la incredulidad de los discípulos comienza en el capítulo 8 y se extiende hasta el 10. En el octavo capítulo encontramos la historia de la curación de un ciego que se encontraba en la ciudad de Betsaida, a orillas del mar de Galilea. De acuerdo al texto, Jesús tomó de la mano al ciego y lo llevó a las afueras de la ciudad. Allí le mojó los ojos con saliva y le impuso las manos, después de lo cual el ciego comenzó a ver, pero de forma borrosa: «Veo a los hombres. Me parecen como árboles que andan»: afirma el ciego (v. 24). Jesús vuelve a imponerle las manos y el hombre comienza a ver con claridad. El ciego necesitó un «segundo toque» para recuperar la vista.

A partir de ese milagro, Marcos hilvana una serie de historias sobre la incredulidad de los discípulos.

- Los discípulos no aceptan el anuncio de la muerte de Jesús (8.31-33; 9.30-32; 10.32-34).
- Jesús reprende a Pedro, afirmando que estaba dejándose usar por Satanás (8.32-33).
- Los discípulos no comprenden el milagro de la transfiguración (9.2-13).
- Tampoco logran liberar a un muchacho endemoniado (9.14-29).
- Pelean por determinar quién será el más importante en el Reino de Dios (9.33-37).
- Reprenden a un hombre que estaba expulsando demonios en el nombre de Jesús (9.38-41).
- Evitan que niños y niñas se acerquen al Maestro (10.13-16).
- Y pelean entre sí por las maniobras que Santiago y Juan hacían para consolidar su poder (10.35-45).

Todo esto nos lleva a pensar que la historia de la curación del ciego de Betsaida tiene valor simbólico. El ciego representa a los discípulos que, a pesar de estar tan cerca de Jesús, todavía no logran «ver» el mensaje del evangelio con claridad. Al igual que el ciego, los discípulos no tendrán una visión del evangelio hasta que reciban un «segundo toque»; hasta que experimenten la cruz y la resurrección.

Interesantemente, esta sección también termina con otra historia sobre la curación de un ciego: Bartimeo (10.46-52). Al igual que la primera, esta también tiene un alto valor simbólico, relacionado al tema del discipulado cristiano.

EL CIEGO DE JERICÓ

La historia de Bartimeo ocurre en Jericó, un oasis en medio del desierto al cual la elite, la «gente bien» de Jerusalén acostumbraba ir a veranear. Sin embargo, Jesús y su banda de discípulos van en sentido contrario. Mientras la gente adinerada baja desde las alturas de Jerusalén hasta el valle del río Jordán para llegar a Jericó, Jesús y sus discípulos desean subir hasta la ciudad de David. El Galileo va acompañado de sus discípulos y de «mucha gente» motivada por intereses que varían desde la fe profunda hasta la mera curiosidad.

Cuando ya iban saliendo de la ciudad, un mendigo conocido como «Bartimeo» supo que Jesús estaba pasando por allí. Noten que digo «conocido» y no «llamado». Marcos sólo ofrece los nombres de dos personas que fueron objetos de milagros de Jesús: Jairo, un líder comunitario cuya hija fue resucitada, y Bartimeo. Sin embargo, el nombre «Bartimeo» es más un apodo que un nombre propio. Hay dos versiones sobre el significado de este mote. Algunos eruditos piensan que quiere decir «hijo de Timeo», como dice el texto bíblico. Sin embargo, la palabra «Timeo» es parecida a la palabra hebrea que quiere decir «impureza». Por lo tanto, el apodo bien podría traducirse como «hijo de lo impuro».

En todo caso, queda claro que «Bartimeo» no es un nombre propio. Es un apodo que, al fin y al cabo, deshumaniza al hombre ciego: «El cieguito; el hijo de Timeo; el que está ciego por ser impuro y pecador». Al igual que nosotros también menospreciamos el valor de otras personas cuando usamos apodos que denigran sus habilidades, sus cuerpos o sus capacidades.

Desde su lugar a la vera del camino, el hombre comienza a dar voces, tratando de llamar la atención del Galileo. «Jesús, hijo de David, ten compasión de mí»: grita Bartimeo (v. 47). Sin embargo, la multitud que acompaña a Jesús «lo reprende» (v. 48) tratando de callarlo. Sí, lo «reprenden» como si estuviera endemoniado. En lugar de facilitar su acceso a Jesús, lo reprenden porque lo ven como un hombre cuya ceguera revela su impureza y su pecado. Y noten que los discípulos no hacen nada para corregir la situación.

Sin embargo, una de las reglas de la vida es que la gente desesperada hace cosas desesperadas. El ciego, que no tenía nada, nada tenía que perder. Por eso, sigue gritando: «Jesús, hijo de David, ten compasión de mí» (v. 48).

Esta vez, Jesús escucha que lo llaman y envía a buscar al ciego. Los discípulos lo buscan diciéndole: «Ánimo, levántate; te está llamando» (v. 49). La respuesta de Bartimeo revela la profundidad de su fe. El texto afirma que el ciego «arrojó su capa» antes de acercarse a Jesús (v. 50). ¿Por qué es importante este detalle? En primer lugar, la capa era una de las posesiones más preciadas de una persona pobre. Le servía de cobija contra el frío, de sombrilla contra el sol y de protección contra el polvo del desierto. Segundo, las personas que pedían dinero acostumbraban colocar su capa en el suelo, preferiblemente entre sus piernas, para recoger monedas. Y el ciego tira la capa, la echa a un lado, dejando con ella toda una vida de pobreza, de dolor y de mendicidad.

La actitud del ciego contrasta con la del hombre rico que habla con Jesús unos versículos atrás, en Marcos 10.17-22. Mientras el muchacho adinerado se fue triste porque no deseaba deshacerse de sus muchas posesiones (10.22), el ciego deja atrás todo lo que tiene.

Cuando llega a tenerlo de frente, Jesús le pregunta a Bartimeo: «¿Qué quieres que haga por ti?» (v. 51). Esta es la misma pregunta que Jesús le hace a Santiago y a Juan en el v. 36. Aquellos la contestaron pidiendo fama y fortuna: «Concédenos que en tu reino glorioso nos sentemos uno a tu derecha y otro a tu izquierda» (v. 37). En contraste, Bartimeo pidió visión: «Maestro, que recobre la vista» (v. 51).

En esta ocasión, Jesús sana al ciego: sin saliva, sin imponerle las manos y sin segundo toque. Sencillamente, le dice: «Puedes irte, por tu fe has sido sanado» (v. 52). Bartimeo recobra la vista inmediatamente, siguiendo a Jesús en el camino. Sí, en el camino a Jerusalén, en el camino a la tortura y en el camino a la cruz.

Visión y misión

La historia de la curación de Bartimeo es mucho más que una historia de milagro. En muchos sentidos, es una historia sobre el discipulado, sobre la visión del futuro y sobre la misión de Dios, en la cual la iglesia cristiana está llamada a participar.

Bartimeo personifica las necesidades fundamentales del ser humano. Tiene un impedimento físico que le impide disfrutar la vida a plenitud; su enfermedad le impide trabajar, condenándole a la pobreza;

la soledad que sufre afecta su salud emocional; la sociedad le rechaza y lo margina; y la religión lo considera ritualmente impuro. Bartimeo necesita redención en términos físicos, económicos, psicológicos, sociales y espirituales.

Bartimeo necesita a Jesús. Lo necesita desesperadamente. Sin embargo, los religiosos le impiden el acceso a Jesús. Primero, lo ignoran, pasando por su lado como si no existiera. Segundo, lo mandan a callar, para que no interrumpa su celebración religiosa. Tercero, lo reprenden, considerando que una persona tan enferma y tan pobre seguramente está endemoniada. En vez de facilitar su camino a la fe, le impiden el acceso a la única persona que podía redimirle.

Le impiden el acceso; le impiden el acceso.

Hace unos años, poco después de comenzar mis labores como Pastor Nacional para Ministerios Hispanos, una persona me describió usando una palabra inglesa que me sorprendió: «gatekeeper», en español, «portero». Al principio, me sentí muy incómodo con la comparación. Sin embargo, la persona procedió a explicar su metáfora. Al igual que un portero, los líderes religiosos facilitamos o impedimos el acceso de la gente a los distintos programas que ofrecen nuestras denominaciones. Una recomendación positiva puede facilitar una beca universitaria, el acceso a estudios teológicos, la ordenación de una persona, ayuda económica para una familia en crisis o la construcción de un nuevo templo. Sin embargo, una recomendación negativa puede terminar una carrera, cortar fondos para un proyecto y hasta destruir una congregación. Todavía no me gusta la metáfora, pero debo reconocer que es acertada.

»Porteros», quizás todos nosotros somos «porteros». Afuera están las personas marginadas de la sociedad puertorriqueña que, al igual que Bartimeo, necesitan redención. Buscan bálsamo para sus heridas físicas, económicas, psicológicas, sociales y espirituales. Pero, al igual que los discípulos de ayer, estamos medio ciegos. Somos como el ciego de Betsaida que ve entre penumbras. Por eso, les negamos el acceso. Les decimos que para ellos no hay gracia, no hay vida eterna, no hay salvación.

En cierto sentido, el protestantismo puertorriqueño es víctima de su propio éxito. Hace 25 años atrás, cuando empecé en el ministerio cristiano, teníamos cuatro o cinco cultos a la semana, incluyendo dos el domingo. Hoy, lo normal es tener solo dos: el servicio de adoración el domingo en la mañana y el culto de oración en la semana.

Y, al igual que la multitud, ni siquiera nos damos cuenta de las personas que están a la vera del camino.

- A la hora que despertamos los domingos hay personas rumbo a sus trabajos.
- Cuando vamos camino a la iglesia hay gente «ponchando» tarjetas de empleo.
- Durante nuestra escuela bíblica dominical hay obreros adobando carne, preparando ensaladas, limpiando pisos, colocando mercadería en góndolas o preparando cajas registradoras.
- Mientras usted y yo adoramos a Dios, los comercios y los restaurantes abren sus puertas.
- Después del culto, nos vamos a comer a un buen restaurante o a pasear a un centro comercial. Compramos artículos y servicios. Aquellos a quienes hemos aprendido a soslayar sirven nuestros alimentos y cobran lo que compramos.

Esto me lleva a preguntar, ¿qué plan tenemos para alcanzar a esas personas? ¿Cómo vamos a darles acceso al mensaje del evangelio? ¿Qué oportunidades de adoración proveemos para ellos? Tenemos que pensar en todo esto, de otro modo corremos el riesgo de excluir a personas que tienen tanta o más necesidad que nosotros.

En el fondo, el problema no es la falta de programas sino la falta de visión.

- No podemos desarrollar ministerios efectivos para personas que no vemos.
- No podemos ofrecer oportunidades de adoración para personas que no forman parte de nuestro horizonte.
- No podemos ministrar a personas que ignoramos por costumbre.

En su deseo de crecer, nuestra iglesia ha hecho grandes esfuerzos para alcanzar la clase media, la juventud universitaria y la comunidad profesional. Hemos tenido éxito en estas empresas, logrando ser una de las comunidades religiosas más dinámicas del país.

Lo que me preocupa es que, el enfocar en la clase media y media alta, puede dejar a mucha gente en la periferia. Permítanme llamarles su atención a tres comunidades olvidadas por el protestantismo puertorriqueño.

- La primera es la comunidad Dominicana en Puerto Rico, particularmente las personas indocumentadas que son víctimas principalmente de sus mismos compatriotas.
- La segunda es la clase obrera con horarios irregulares, tales como quienes trabajan en comercios que abren 24 horas, personas que trabajan de noche y quienes se ven obligados a trabajar los domingos.
- La tercera es la juventud que creció acunada por la televisión y que vive conectada por medio de los recursos audiovisuales. Muchachos y muchachas que prefieren enviar un e-mail antes de hacer una llamada telefónica.

Con toda seguridad, cada uno de ustedes está pensando en las muchas otras comunidades olvidadas que nuestra Iglesia debe alcanzar. Y, con toda probabilidad, su juicio es mucho más acertado que el mío. Después de todo, hace 12 años que no vivo en Puerto Rico. Soy uno de esos «exiliados» que mira la Isla desde lejos, sin vivir en carne propia sus problemas y sus necesidades. Quizás he perdido el derecho a hablar sobre los problemas de Puerto Rico.

Además, debo reconocer que mi juicio sobre estos asuntos no es necesariamente el mejor. Paso tanto tiempo lidiando con problemas y peleas de iglesias, que a veces no veo las comunidades que, como Bartimeo, están al margen del camino. Sí, debo reconocer que, a pesar de todos mis logros, yo también soy un discípulo medio ciego que sigue a Jesús a pesar de «ver los hombres como árboles» la mayor parte del tiempo.

CONCLUSIÓN

La buena noticia es que la misión cristiana no depende de nosotros, sino de Dios encarnado en Cristo Jesús, Señor nuestro. Noten que, en el texto, Jesús es quien reconoce la necesidad de Bartimeo y Jesús es quien envía a los discípulos a buscar al ciego. Al fin de cuentas, Jesús es quien nos llama a llevar el mensaje del evangelio a las personas que se encuentran al margen de la comunidad cristiana.

- Quizás estamos demasiado ocupados siguiendo a Jesús para mirar al margen del camino;

– Quizás también estamos medio ciegos, como el ciego de
Betsaida, y no podemos ver la gente que está en la periferia.
– Quizás estamos tan enfrascados en las luchas internas de nuestras congregaciones, que no podemos ver las necesidades de
quienes no asisten regularmente a las mismas.

Pero, si nuestra visión es incompleta, la de Jesús es perfecta. El
es quien nos dice:

– Iglesia, mira a las personas que están al margen.
– Iglesia, mira a las personas que están luchando con su sexua-
lidad.
– Iglesia, mira a las víctimas de violencia doméstica.
– Iglesia, mira al enfermo de SIDA.
– Iglesia, mira al deambulante («homeless»).
– Iglesia, mira al inmigrante y al indocumentado.

Seamos obedientes a su llamado y vayamos allí, a la vera del
camino, para decirles a todas esas personas: «Ánimo, levántate; Jesús
te está llamando» (v. 49).

8

Poder para salvación

Pablo A. Jiménez

La Iglesia Cristiana Mexicana en San Antonio, Texas, es la congregación hispana más antigua de la Iglesia Cristiana (Discípulos de Cristo) en los Estados Unidos y el Canadá. Fundada en el 1899, cumplió 104 años de servicio cristiano en el 2003. Este sermón, basado en Romanos 1:16-17, fue predicado en ocasión de dicho aniversario. Dado que en aquel momento la congregación necesitaba encontrar nuevos bríos, el tema del sermón es que una congregación se revitaliza cuando reafirma que el Evangelio es poder de Dios la salvación de la humanidad. Invita a la congregación a renovar su ministerio. Es expositivo y su lógica es deductiva.

Es un sermón bilingüe, que alterna secciones en español y en inglés. Aunque cada sección se parece, en realidad estos son dos sermones distintos. Aunque están relacionados, cada uno tiene enfoques distintos. El sermón evita la traducción literal de cada párrafo porque, aunque algunas de las personas presentes sólo hablaban uno de los dos idiomas, más de la mitad de la congregación es bilingüe. Esta estructura permite que las personas monolingües escuchen un sermón completo, mientras que las bilingües no tienen que escuchar el mismo sermón dos veces.

INTRODUCCIÓN

Es un verdadero placer ocupar este púlpito en un día tan especial. Hoy la Iglesia Cristiana Mexicana (Discípulos de Cristo) en San Antonio celebra 104 años de ministerio.

It is also an honor to occupy this pulpit, knowing that this congregation has been serving the people of God in San Antonio for 104 years. I can only imagine all the distinguished ministers who have preached in this sanctuary to so many for so many years. To insert oneself in such rich history is rather overwhelming.

Porque sabemos que los comienzos de esta obra fueron muy duros. Estamos al tanto de los sufrimientos y las necesidades que padecieron quienes fundaron esta congregación. Además, sabemos de la gran oposición que han padecido a lo largo de los años.

The Gospel has never been preached without opposition. From the very beginning, the Christian Church has faced trials and tribulations. Every Christian community who has tried to break new ground has faced difficulties, resistance and even persecution.

El problema ayer

Basta dar una mirada al Nuevo Testamento para comprender que los comienzos de lo que hoy llamamos la iglesia cristiana fueron muy duros.

Los cuatro evangelios enseñan que Jesús fue incomprendido, acusado falsamente y asesinado.

El libro de los Hechos de los Apóstoles narra cómo la Iglesia Primitiva fue hostigada y acosada por las autoridades romanas.

Las Epístolas describen cómo los primeros creyentes trataron de ser fieles a Dios en medio de una cultura que los consideraba ignorantes y sediciosos.

Y el Apocalipsis presenta el dolor de los creyentes que fueron atacados, encarcelados y hasta asesinados por causa del nombre de Jesucristo.

The New Testament describes the painstaking process by which Jesus' followers established the first Christian communities, developing what we now call the Church. The problem is that a cursory reading of the New Testament does not allow us to understand the reasons why the Early Church was persecuted. Although such a topic is rather long and complicated, we can highlight at least three reasons why the Roman Empire considered the Church to be such a dangerous institution.

1. First, in the very beginning the Christian Church was not an institution but a movement. Jesus did not establish a new religion; he launched a movement. The Roman Empire could have tolerated a new institution, negotiating with or even coopting its leadership. However, movements are particularly difficult to control, especially when the core leaders of the movement are totally committed to its mission.

2. Second, the message of the Gospel ran counter to Greco-Roman culture. The Greeks and the Romans used religion as a political force. The clearest expression of such exploitation was the cult to the Roman Emperor. Worshiping the Emperor was an expression of loyalty to Rome. Nonetheless, Christians refused to worship the Emperor, affirming Jesus as Lord and Savior.

3. Third, Christianity broke down the social barriers that kept the Empire in place. Jesus' movement began among Jewish people; but it opened its doors to everyone. The Church thus became a space where faith was a unifying force that made ethnicity and social status almost meaningless.

Sí, mis hermanos y mis hermanas, la iglesia primitiva fue acosada y perseguida porque los valores del Evangelio liberador de Jesucristo chocaban con los valores que permitían y sostenían la opresión romana.

La solución ayer

Pocos años después de la muerte y resurrección de nuestro Señor Jesucristo, el movimiento de Jesús llegó a Roma, la capital del Imperio, con el mensaje del Evangelio. Parece cosa de locos que un puñado de extranjeros residentes y de ciudadanos de segunda clase se atrevieran a predicar el mensaje de Jesús en las «entrañas del monstruo». La pregunta que se impone en este punto es, pues, ¿cómo pudo la iglesia en Roma sobrevivir los ataques en su contra? ¿Qué motivó a ese grupo de hermanos y hermanas a perseverar ante tanta y tan cruel oposición?

¿Why did the Early Church establish a congregation in Rome so soon after Jesus' death and resurrection? Well, the fact is that, at the time, Rome was the most important city in the world. There was much trade and travel between Rome and its colonies. That explains why Jesus' Movement reached the capital before other cities that were geographically closer, such as Ephesus, Corinth or Athens. However, that does not explain why the Christian community in Rome was willing to endure opposition and even violent repression.

La pregunta que estamos considerando es difícil. Tanto que no afirmo tener la respuesta. Sin embargo, sí afirmo que podemos encontrar una pista en los versículos 16 al 17 del primer capítulo de la Epístola del Apóstol Pablo a la Iglesia en Roma.

I do not claim to have the answer to the question. However, Romans 1.16-17 offers a clue to the answer. Please, allow me to read the text: «For I am not ashamed of the gospel; it is the power of God for salvation to everyone who has faith, to the Jew first and also to the Greek. For in it the righteousness of God is revealed through faith for faith; as it is written, the one who is righteous will live by faith.»

Romanos 1 del 16 al 17 dice: «No me avergüenzo del evangelio, porque es poder de Dios para salvación de todo aquel que cree, del judío primeramente y también del griego, pues en el evangelio, la justicia de dios se revela por fe y para fe, como está escrito: «"Mas el justo por la fe vivirá"».

Notice that this marvelous text is a succinct but powerful expression of the values of the Gospel. Paul begins stating that he is not «ashamed» of the Gospel. Hispanics can understand particularly well this phrase because honor and shame are key values in Latin American cultures. Before resorting to violence, the Romans tried to use shame to quench the Gospel. They called Christianity a «superstition», not a religion. They affirmed that the Christian God was a crucified man with the head of a donkey. They even spread gossip, saying that Christians were cannibals and that Christian gatherings were orgies. Facing such opposition, Paul begins his theological exposition affirming that there is no shame in being a Christian.

Pablo no se avergüenza del Evangelio porque es poder de Dios para salvación. Nunca se ha ofrecido una definición tan clara y tan poderosa del Evangelio. El mensaje cristiano es la poderosa exposición del carácter de Dios, quien desea salvar a la humanidad de los pecados que la atan y de las instituciones que la destruyen. Recordemos que la palabra «evangelio» proviene de un vocablo griego que quiere decir «buena noticia». La «buena noticia» es, pues, que Dios desea salvar a toda la humanidad.

This text also affirms that the Gospel is for both «Jews and Greeks». For Paul, who was Jewish, this is equivalent to say «Jews and everybody else». The point is that faith in God through Jesus Christ bridges the ethnic and social differences between people. The

Gospel unifies humanity. All peoples from all ethnic groups and from all social classes are called to faith.
La fe viene a ser el elemento clave en este texto. Dios ha revelado su justicia a través de la cruz de Jesucristo, quien siendo inocente fue asesinado por el ejército de ocupación. Dios revela su justicia al colocarse del lado de la persona pobre, marginada, hostigada, oprimida y herida. El creyente que desea vivir en comunión con Dios tiene que comprometerse a practicar la justicia.

In brief, the Apostle Paul calls the Church in Rome to live according to the values of the Gospel. This commitment with the Gospel of Jesus Christ is the element that empowers the Church to serve God and to resist evil.
En fin, lo que permite que la Iglesia pueda perseverar en la fe es su compromiso con el poderoso Evangelio de Jesucristo. Por eso, el Apóstol Pablo llama a la Iglesia en Roma a vivir de acuerdo a los valores cristianos.

El problema hoy

El mensaje de Romanos continúa siendo pertinente para la iglesia hoy día, a pesar de que vivimos en un país donde la religión dominante es el cristianismo. De hecho, la historia de esta congregación es un ejemplo de lucha y de perseverancia.

History teaches us that, although this congregation was started in 1899, it had to be restarted in 1908. It also teaches us that several congregations were established in Texas, only to be closed because their pastor moved, because there were no Hispanic ministers available, because the Anglo-European congregations that hosted them decided to stop reaching out to Latinos, because there where no funds, or because the congregations could not support themselves.
La verdad es que el ministerio a la comunidad hispana en Texas se veía como un apéndice a la obra foránea. Nuestras congregaciones no fueron tomadas en serio. Por un lado, algunos líderes denominacionales veían las congregaciones hispanas en Texas como parte de la obra en México. Por otro lado, también afirmaban que el ministerio de las congregaciones hispanas sería de escasa duración y debería limitarse a trabajar con los inmigrantes más recientes, pues cuando la gente aprendiera a hablar inglés se incorporarían a las iglesias angloeuropeas.

Today, 104 years later, Mexican Christian Church is still struggling, still facing problems and limitations, and still trying to survive. Again, I do not have the answer about how we can reenergize our ministry in this place. However, I think that any revitalization efforts should begin by going back to basics, particularly going back to Paul's definition of the Gospel in Romans 1.16-17.

LA SOLUCIÓN HOY

Hoy Dios está llamando a su Iglesia a escuchar el mensaje de Romanos. Dios desea que volvamos a la fuente, a los principios básicos de la fe cristiana y a los valores que motivaron a los fundadores de esta congregación. Mis queridos hermanos y mis queridas hermanas, no nos avergoncemos del evangelio de Jesucristo, porque es poder para la salvación tanto del pueblo hispano como de todas las personas que viven en la ciudad de San Antonio y en el gran estado de Texas. Si esta congregación desea renovar su ministerio en el futuro cercano, tiene que reencontrar el poder de Dios.

The same values that motivated Christian ministry in Rome can energize our ministry in San Antonio. We can revitalize our ministry by reconnecting with the power of the Gospel, for the salvation of Mexican Americans and all of Texas, in the name of Jesus Christ. AMEN.

9

¡Sí se puede!

Justo L. González

Sermón predicado en la asamblea del Consejo de Ministerios Hispanos (COHAM - Council of Hispanic Ministries), una organización que agrupa a los dirigentes de los ministerios hispanos en las principales denominaciones protestantes en los Estados Unidos. Fue predicado en Claremont, California, en abril de 1998. En esa fecha, los obreros agrícolas de California, en su mayoría inmigrantes hispanos, se organizaban para reclamar sus derechos. El lema de esa lucha era «¡Sí se puede!» Por tanto, al tiempo que el texto del sermón trata sobre el poder del Evangelio, su subtexto recalca la solidaridad de la iglesia hispana con estos obreros agrícolas (solidaridad expresada repetidamente por COHAM).

Texto bíblico

Enseñaba Jesús en una sinagoga en el día de reposo; y había allí una mujer que desde hacía dieciocho años tenía espíritu de enfermedad, y andaba encorvada, y en ninguna manera se podía enderezar.

Cuando Jesús la vio, la llamó y le dijo: «Mujer, eres libre de tu enfermedad.» Y puso las manos sobre ella; y ella se enderezó luego, y glorificaba a Dios.

Pero el principal de la sinagoga, enojado de que Jesús hubiese sanado en el día de reposo, dijo a la gente: Seis días hay en que se puede trabajar; en éstos, pues, venid y sed sanados, y no en día de reposo.

Entonces el Señor le respondió y dijo: «Hipócrita, cada uno de vosotros ¿no desata en al día de reposo su buey o su asno y lo lleva a beber? Y a esta hija de Abraham, que Satanás había atado dieciocho años, ¿no se le debía desatar de esta ligadura en el día de reposo?

Al decir estas cosas, se avergonzaban todos sus adversarios; pero todo el pueblo se regocijaba por todas las cosas gloriosas hechas por él.

Y dijo: «¿A qué es semejante el reino de Dios, y con qué lo compararé? Es semejante al grano de mostaza, que un hombre tomó y sembró en su huerto; y creció, y se hizo árbol grande, y las aves del cielo anidaron en sus ramas.»

Y volvió a decir: «¿A qué compararé el reino de Dios? Es semejante a la levadura, que una mujer tomó y escondió en tres medidas de harina, hasta que todo hubo fermentado.»

Lucas 13:10-20

Hemos escuchado una porción bien conocida del Evangelio. Pero, como tan a menudo sucede, resulta que precisamente por ser tan conocido no vemos el intenso dramatismo de lo que está sucediendo aquí. Porque en este texto tenemos, no sencillamente un milagro de curación, sino también la convergencia de añejos y al parecer invencibles poderes, que vienen todos a confluir aquel sábado en aquella sinagoga.

Era sábado, y una mujer enferma de largo tiempo atrás, encorvada, que no podía enderezarse, se presenta en la sinagoga. El texto bíblico nos dice que era un espíritu maligno lo que la tenía encorvada.

Es muy fácil desviar la atención y dedicarnos sencillamente a discutir qué es eso de un espíritu maligno. Ciertamente, hoy sabemos que las enfermedades se deben a bacterias, a algún virus, y a otras cuestiones semejantes. Y ya con eso nos quedamos tan contentos y conformes como si de veras con eso hubiéramos resuelto y eliminado el carácter demoníaco de la enfermedad y del sufrimiento.

Una de las ilusiones de la Edad Moderna ha sido precisamente imaginarnos que, con establecer la causa inmediata de algo, ya lo hemos explicado. Si sabemos que alguien está enfermo porque tiene un virus, ya entendemos el asunto, nos las damos de superiores a aquellos ignorantes de siglos pasados que hablaban de demonios, y nos imaginamos que hemos encontrado el nudo que desata el misterio del sufrimiento. Pero lo cierto es que el conocimiento de los virus, las bacterias y las condiciones genéticas, si bien nos ayuda a tratar las enfermedades que producen, no nos acerca un ápice a descifrar el misterio del sufrimiento. Si antes se pensaba que alguien estaba enfermo porque tenía demonio, ahora decimos que está enfermo porque tiene un virus. Pero la pregunta permanece: el tener un virus, ¿no es del demonio?

En este punto me acuerdo de aquellas palabras de Unamuno, comentando acerca de los teólogos y filósofos que creen que pueden explicarlo todo:

> Han llegado hasta a preguntarse estúpidamente para qué hizo Dios el mundo, y se han contestado a sí mismos: ¡para su gloria!, y se han quedado tan orondos y satisfechos como si los muy majaderos supieran qué es eso de la gloria de Dios.

Pero volvamos a la mujer. La mujer está encorvada. No puede enderezarse. Que se deba a un virus, a una bacteria, a una fractura, o a cualquier otra cosa, es de importancia secundaria. El hecho es que está encorvada, que está oprimida, que está aplastada, que está sufriendo. Y eso es del demonio.

Con aquella mujer entra en la sinagoga lo que las gentes religiosas siempre queremos ocultar: la realidad del poder del demonio; la realidad del sufrimiento humano.

Era sábado. Día consagrado al reposo desde los tiempos más antiguos de la tradición hebrea. Tan antiguos, que se remontaban hasta el acto mismo de la creación: «Seis días trabajarás, y harás toda tu obra; mas el séptimo día es reposo para Jehová tu Dios; no hagas en él obra alguna, tú ni tu hijo, ni tu hija, ni tu siervo, ni tu criada, ni tu bestia, ni tu extranjero que está dentro de tus puertas. Porque en seis días hizo Jehová los cielos y la tierra, el mar, y todas las cosas que en ellos hay, y reposó en el séptimo día; por tanto, Jehová bendijo el día de reposo y lo santificó.» (Éxodo 20:9-11)

Era sábado. Día consagrado al reposo por el Señor mismo. Instrucción sabia del Creador que sabía que esta criatura suya no puede trabajar, y trabajar, y trabajar, sin descanso. Pero día de descanso que los humanos, a fuerza de legislación cada vez más minuciosa, habían hecho día de mayores trabajos. En lugar de sencillamente gozarse en la creación del Señor, y verdaderamente reposar, las gentes religiosas de la época se habían dedicado a las más minuciosas discusiones en cuanto a lo que se podía hacer en el día de reposo. Se supone que en ese día no se trabaje. Entonces, ¿será lícito sacar agua de un pozo para beber? Se supone que no se are la tierra en el día de reposo. Entonces, ¿será lícito mover una mesa, que puede dejar un surco en el piso? Se supone que en este día hasta los animales descansen. Entonces, ¿será lícito comerse un huevo que la gallina puso ese día? Y así, el día de reposo se convertía en día de mayores trabajos.

Era sábado. En la sinagoga, precisamente el lugar donde las leyes referentes al descanso se estudiaban, y se desmenuzaban, y se exageraban.

Era sábado. En la sinagoga. Y entra la mujer jorobada, oprimida, aplastada, por el poder del maligno. Era sábado, y allí estaba también Jesús, Señor de la creación y Señor del sábado. ¿Qué hará Jesús? Por un lado, en el sufrimiento de aquella mujer, el demonio mismo se le enfrenta. Por otro, en todo el ambiente que le rodea, en la Ley misma de Israel, en el jefe de la sinagoga, el peso de la tradición parece decir que no hay nada que hacer.

Más adelante en el Evangelio de Lucas, en el próximo capítulo, sucede algo parecido. Jesús está en casa de un fariseo cuando entra un hombre enfermo. Jesús les pregunta a los maestros de la ley y los fariseos, «¿Se puede sanar en sábado a un enfermo, o no?» Y cuando ellos se quedan callados, él mismo responde a su pregunta sanando al enfermo. ¿Se puede sanar a un enfermo en sábado, o no? ¡Sí se puede!

Ahora está aquí Jesús en la sinagoga, frente a esta mujer encorvada, oprimida por el peso del demonio. Y a su opresión de dieciocho años los jefes religiosos quieren añadir otra de diecitantos siglos: ¡Es sábado! ¡Es día para asuntos religiosos! ¡No se puede!

Pero Jesús vio a la mujer, y la llamó, y le habló, y puso las manos sobre ella, y la mujer se enderezó, ¡y comenzó a alabar a Dios!

Ah, pero el jefe de la sinagoga era bien religioso y conocedor de la Ley. No se puede. Váyanse. «Hay seis días para trabajar; vengan en esos días a ser sanados, y no en sábado.»

Y Jesús le llama a capítulo. «Hipócritas. Si uno de ustedes tiene un buey sediento el día de reposo, lo desata para llevarlo a tomar agua. Pero esta mujer, que es tan hija de Abraham como cualquiera de ustedes, que es por tanto mucho más que cualquier buey, esta mujer estaba atada por dieciocho años, y me van a decir que no se le puede desatar porque es sábado? ¡Sí se puede!»

Como resultado del milagro, y de esta discusión con el jefe de la sinagoga, las gentes se alegran y alaban a Jesús por las grandes cosas que hace.

Pero Jesús, en lugar de hablar de lo grande, les habla de lo pequeño: de un grano de mostaza que un hombre sembró, y de un poco de levadura que una mujer puso en una gran masa de harina. El reino de Dios, dice Jesús, es como un grano de mostaza que un hombre siembra, o como un poco de levadura que una mujer pone en la masa. Dios no es como los poderosos de la tierra, que quieren hacerlo todo a la fuerza y con estruendo. Cuando es hora de redimir al mundo, Dios no grita desde el cielo con voz estentórea: ¡Ea, ustedes, arrepiéntanse! Dios no es como un televangelista que confunde el poder de Dios con los megawatts de su transmisora. Dios es como una mujer que calladamente pone un poco de levadura en la masa, o como un hombre que siembra una pequeñísima semilla de mostaza.

Pasa el tiempo, y llega el momento en que la semilla debe germinar. La cáscara es dura, y hay que romperla. ¡Sería mucho más cómodo para aquella pequeñísima semilla rendirse ante las dificultades! Pero no. La semilla, como Jesús ante el fariseo, dice ¡Sí se puede! Por la gracia de Dios, ¡sí se puede! Y rompe el cascarón, y sale un pequeñísimo renuevo.

La tierra es dura y difícil de romper. Pero aquel renuevo, surgido de pequeñísima semilla, no se arredra, sino que dice: ¡Sí se puede! Por la gracia de Dios, ¡sí se puede! Y echa a un lado piedras mucho más grandes que él, y quiebra el duro suelo, y sale a la luz!

El aire es luminoso y alegre. En él vuelan centenares de aves hambrientas, que bajan al suelo a devorar los renuevos que van brotando. Hay mucho que temer en ese amplio mundo, con las nubes tan altas, el sol tan brillante, y tantas aves hambrientas. Pero la pequeña planta de mostaza no se deja intimidar, sino que dice: ¡Sí se puede! Por la gracia de Dios, ¡sí se puede! Y echa a un lado sus temores, y reverdece, y echa hojas, y ramas, y llega a ser frondoso árbol.

¿Por qué cuenta Jesús esta parábola? Porque allí, en aquella sinagoga, Dios ha demostrado que, aunque actúa calladamente, su poder es más grande que el de las más viejas tradiciones y el de los más fuertes demonios. Recordemos que quien así habla no solamente le mostró al fariseo que sí se puede sanar en sábado, sino que también nació, pobre y pequeña semilla de mostaza, en un humilde pesebre, que de niño tuvo que huir al exilio en Egipto, que después vivió como extranjero en Nazaret, que por fin se enfrentó a todos los más formidables poderes del maligno. Y que cuando por fin el maligno pareció triunfar con cruenta muerte en la cruz, Dios lanzó el «¡Sí se puede!» de todas las edades, levantándole de entre los muertos.

Y es por eso que hoy, como aquella pequeña semilla de mostaza, nos atrevemos a decir, «Sí se puede». No porque seamos tan valientes, ni tan firmes, ni tan poderosos, sino porque Dios levantó a Jesucristo de entre los muertos. Es por eso que, frente a todos los poderes del maligno, frente a todos los poderes de opresión, en las más oscuras circunstancias, en la vida y en la muerte, nos atrevemos a seguir diciendo, «¡Sí se puede!» «¡Sí se puede!» «¡Sí se puede!»

Han pasado los años, y aquella confrontación que tuvo lugar en la sinagoga sigue teniendo lugar hoy, aunque quizá no ya en la sinagoga, sino en la iglesia cristiana, donde se presenta ahora un pueblo encorvado por el espíritu maligno de la injusticia, la pobreza y el racismo.

¿Saben ustedes, mis hermanos, mis hermanas, que el 40% de los niños hispanos en este país, es decir, cuatro de cada diez niños hispanos, viven bajo el nivel de pobreza? ¿Que el nivel de pobreza entre el pueblo hispano en este país es más de dos y media veces el de la población en general? ¿Que el ingreso promedio de la familia puertorriqueña en los Estados Unidos es menos de la mitad del ingreso promedio de la población? ¿Que durante la última década la condición económica del pueblo hispano en los Estados Unidos, en lugar de mejorar, empeoró? ¿Que aproximadamente la mitad de todos los niños hispanos del país nunca terminan la escuela superior? ¿Que la población hispana en las cárceles está aumentando a un ritmo varias veces más rápido que el de nuestra población en las aulas universitarias?

Las razones son muchas, y podríamos pasarnos la noche discutiéndolas, como podríamos pasarnos la noche debatiendo si la mujer estaba jorobada por una infección o por otra razón. Pero el hecho es que nuestro pueblo es un pueblo encorvado, un pueblo que lleva, no ya dieciocho años, sino siglos, sin poder enderezarse. Un pueblo que se presenta hoy en la iglesia, como aquella mujer se presentó antaño en la sinagoga.

Y, de igual manera que aquella mujer era tan hija de Abraham como cualquiera de los jefes de la sinagoga, así también nuestro pueblo es tan hijo de la promesa como cualquiera de los jefes de la iglesia.

Eso es lo que ha de declarar y de denunciar, quizá con otras palabras que en fin de cuentas quieren decir lo mismo, el Concilio Nacional de Ministerios Hispanos: somos pueblo encorvado, pueblo oprimido por el poder del maligno, por la pobreza, por la falta de oportunidades de educación, por la discriminación en el trabajo y en la vivienda, y hasta por las estructuras eclesiásticas.

Pero además de eso, este Concilio Nacional Ecuménico, y todo el pueblo hispano creyente en Jesucristo, han de decir también, y con voz todavía más fuerte: «¡Si se puede!»

¡Sí se puede! Por eso nos atrevemos a reunirnos aquí, y a organizarnos para la misión. Porque sí se puede. Por eso nos comprometeremos aquí, unos con otros, y todos juntos, a una misión común, aun en medio de nuestras iglesias divididas. Y si esas iglesias responden positivamente, y nos dan su apoyo, celebraremos con todo el pueblo hispano gritando, «¡Sí se puede!» Y si no responden, y nos dicen que hace falta que un comité lo estudie, seguiremos insistiendo, e insistiendo, e insistiendo, porque ¡sí se puede!

»¡Si se puede!», no en virtud de lo que nosotros mismos podamos, sino en virtud del que en aquella sinagoga, ante la mujer encorvada y oprimida por el maligno, dijo, «¡Si se puede!». Y quien también, juzgado bajo el poder de Poncio Pilato, crucificado, muerto y sepultado, se levantó de la tumba con un sonoro e innegable «¡Si se puede!»

Hoy como antaño habrá quien diga que no se puede. Es día de descanso, y está prohibido sanar enfermos. Y así algunos dirán: «El presupuesto no alcanza.» «La estructura denominacional no lo permite.» «Los cambios que ustedes piden son demasiados.» Algunos ejecutivos de entre nuestro mismo pueblo dirán que no se puede, porque ya tienen demasiado trabajo, o porque el pueblo hispano en su denominación no está dispuesto a hacer lo que se pide de él.

Si alguien se atreve a decir tal cosa, lo que hemos de hacer está bien claro. El texto bíblico nos da la pauta. Digámosle sencillamente, como nuestro Señor Jesucristo: «¡Sí se puede! Hipócritas. Si su buey tuviera sed el día de descanso, ¿quién de ustedes no lo desataría y lo llevaría a beber? Si la estructura, o la Disciplina, o la Constitución de la denominación, o el presupuesto impidieran el progreso de las iglesias grandes y ricas, ¿quién de ustedes no estaría dispuesto a cambiar la estructura, y la Disciplina, y la Constitución, y el presupuesto? ¡Sí se puede!»

Hoy entre nosotros Dios está sembrando una pequeñísima semilla de mostaza. No es como las grandes denominaciones, con docenas de ejecutivos, edificios enteros para oficinas, y millones de dólares en su presupuesto. Pero es semilla de Dios. Y la semilla de mostaza crecerá, quiéranlo o no las aves que vuelan en derredor para destruirla. Y echará hojas, y echará ramas, y florecerá. Y el día llegará cuando esas mismas aves que antes amenazaban con destruir el pequeño renuevo se lleguen a nuestro árbol huyendo del vendaval, buscando dónde hacer sus nidos. Y nuestro árbol, abriendo las ramas, les dirá: «¡Sí se puede! Por la gracia de Dios, ¡sí se puede!»

10

La higuera en la viña

Justo L. González

*Sermón predicado en la ciudad de Newark, en las afueras
de Nueva York, en una reunión de líderes denominacionales
responsables por los ministerios hispanos en todo el país.
Poco antes, alguien había publicado declaraciones en el
sentido de que los inmigrantes hispanos eran la causa de sus
sufrimientos y dificultades. En sus propias iglesias, varios de
estos líderes tropezaban repetidamente con la idea según la
cual los grupos dominantes en la sociedad y en la iglesia han
ganado y merecen sus privilegios, mientras los marginados
lo son por su propia culpa. Luego, el propósito del sermón
es mostrar otra posible interpretación de la situación exis-
tente. Como se verá, el texto bíblico (Lucas 13:10-20) se lee
tras la introducción.*

Muchas veces les he dicho a mis estudiantes que es bueno predicar de vez en cuando sobre un texto que no nos guste. Es bueno
y saludable porque nos obliga a luchar con el texto bíblico y con su
sentido para nosotros hoy. Para esta noche, he decidido ponerme yo
mismo el sayo, y escoger un texto que verdaderamente no es de mi
agrado. El texto en cuestión se encuentra en Lucas 13:1-9.

En este mismo tiempo estaban allí algunos que le contaban
acerca de los galileos cuya sangre Pilato había mezclado con los
sacrificios de ellos. Respondiendo Jesús, les dijo: «¿Pensáis que
estos galileos, porque padecieron tales cosas, eran más pecadores que
los otros galileos? Os digo: No, antes si no os arrepentís, todos
pereceréis igualmente. O aquellos dieciocho sobre los cuales cayó

la torre en Siloé, y los mató, ¿pensáis que eran más culpables que todos los hombres que habitan en Jerusalén? Os digo: No; antes si no os arrepentís, todos pereceréis igualmente.»

Dijo también esta parábola: «Tenía un hombre una higuera plantada en su viña, y vino a buscar fruto en ella, y no lo halló. Y dijo al viñador: `He aquí, hace tres años que vengo a buscar fruto en esta higuera, y no lo hallo; córtala; ¿para qué inutiliza también la tierra?' El entonces, respondiendo, le dijo: `Señor, déjala todavía este año, hasta que yo cave alrededor de ella, y la abone. Y si diere fruto, bien; y si no, la cortarás después.'»

La razón por la que este texto no me gusta, y creo que no nos gusta a muchos predicadores, es que plantea varias preguntas difíciles, y especialmente la antiquísima pregunta del por qué de las tragedias humanas. Cuando acontece la tragedia, lo primero que nos preguntamos es «¿Por qué?» «¿Por qué tuvo que ser mi hijo quien muriera? ¿Qué mal habría hecho? ¿Será quizás algo que *yo* hice?» Muchos de quienes estamos aquí somos pastores y pastoras, y como tales, frecuentemente hemos tenido que enfrentarnos a situaciones tales, y lo cierto es que nunca hemos sabido qué decir. ¿Por qué hubo un terremoto en Los Ángeles y no en San Diego o en San Francisco? ¿Será quizás por algún pecado común de los residentes de esa ciudad? Y, ¿por qué fue que en ese edificio de apartamentos murieron unos y no otros? ¿Será que eran particularmente pecadores? ¿Qué mal pudieron haber hecho para merecer la muerte? ¿Y qué mal hicieron los sobrevivientes para ver en derredor suyo tanto dolor y destrucción? Todas estas son preguntas que es muy natural hacerse, y que es también imposible contestar. Como pastores y pastoras, como personas de fe, lo cierto es que no sabemos qué responder ante tales situaciones. Y esta es una de las razones por las que no nos gusta este pasaje en el Evangelio de Lucas.

Pero otra razón, y mucho más importante, es que el pasaje no nos da respuesta. Mucho nos hubiera gustado que Jesús nos diese una respuesta fácil que darle a la madre cuya hija adolescente acaba de morir en un accidente automovilístico. ¡Cuánto envidiamos al médico que puede recetarle una pastilla al paciente! Jesús, quien se supone debe ser el superpastor y superteólogo, no nos da respuesta. Lo que hace es sencillamente decirnos que cierta clase de respuestas es errónea, y luego sigue diciéndonos que tales tragedias, con todo lo inexplicables y misteriosas que son, sí sirven para llamar a los sobrevivientes a una obediencia cada vez mayor.

Examinemos el texto con más detenimiento. Jesús va camino a Jerusalén, y ha estado enseñándoles a sus discípulos acerca de la obediencia que el pueblo le debe a Dios. En este contexto, alguien viene y le cuenta de un acto atroz que Pilato ha cometido. Ha mezclado la sangre de varios galileos con la de sus sacrificios. En otras palabras, los mató en el momento mismo en que ofrecían su sacrificio a Dios. No sabemos todos los detalles de lo que tuvo lugar. Pero sí hay varios puntos que resultan claros.

El primero es que este vil crimen tuvo lugar en el templo de Jerusalén, puesto que era allí donde los galileos vendrían a ofrecer sacrificios a Dios.

El segundo es que, precisamente porque había tenido lugar en el templo, se trataba de un crimen más repugnante todavía. No era sólo homicidio, sino también sacrilegio. Podemos imaginarnos que muchos judíos recordarían el otro acontecimiento varias décadas antes, cuando el romano Pompeyo se atrevió a entrar con su caballo hasta el lugar santísimo. O quizás aquel otro momento, muchos años antes, cuando el templo fue destruido y el pueblo llevado en cautiverio. A nosotros ciertamente nos recuerda la muerte de Becket ante el altar de la catedral de Canterbury o, más recientemente y más cerca, el asesinato del arzobispo Romero bajo circunstancias semejantes en una iglesia en El Salvador.

En tercer lugar, como se ve claramente al leer todo el Evangelio, resulta claro que había bastante enemistad hacia los galileos por parte de algunos de los jefes judíos en Jerusalén. Muchos judíos pensaban que los galileos eran judíos de segunda clase, una especie de pueblo híbrido entre los verdaderos judíos y los gentiles paganos.

Por todas esas razones, quienes se acercaron a Jesús para contarle del crimen de Pilato estaban planteando varias cuestiones a la vez. Estaban planteando en primer lugar la cuestión del por qué del sufrimiento humano. En segundo lugar, planteaban la cuestión de si no era el deber de todo buen judío condenar tanto a Pilato como a todos los romanos. En otras palabras, como en tantos otros lugares en la narración evangélica, estas personas están tratando de colocar a Jesús en la difícil situación de tener que parecer o mal patriota o subversivo. Si condena la acción de Pilato, se le acusará de incitar a la rebelión contra los romanos. Si da a entender que el crimen de Pilato es de menor importancia, dará la impresión de ser insensible a las injusticias humanas. En tercer lugar, quienes le cuentan esto a Jesús plantean la cuestión de las relaciones entre los galileos y los demás judíos. Al decirle de la tragedia que ha caído sobre estos galileos, se están haciendo eco de la idea común de que los galileos son menos fieles que los demás judíos, y preguntándose si no sería por ello que han sufrido tal atropello. Quizás esa sea la razón por la cual Jesús les responde: «¿Pensáis que estos galileos, porque padecieron tales cosas, eran más pecadores que todos los galileos?» Y entonces agudiza su respuesta recordándoles de otro incidente que tuvo lugar también en Jerusalén, pero cuyas victimas fueron judíos de buena cepa: «O aquellos dieciocho sobre los cuales cayó la torre en Siloé, y los mató, ¿pensáis que eran más culpables que todos los que habitan en Jerusalén?»

Para mí este texto este es de singular importancia, precisamente porque no sé cuantas veces, cuando se habla del sufrimiento en diversas partes del mundo, he oído respuestas en las cuales se culpa a las víctimas. Si hay hambre en África es porque los africanos han pecado. Ciertamente el hambre es resultado del pecado humano, aunque lo más probable es que no sea resultado del pecado de los que la sufren. De igual manera, estoy seguro de que todos hemos estado en situaciones en las que, al hablar de las tragedias que tienen lugar cada día y cada noche en nuestros barrios, se explican esas tragedias y esos sufrimiento a base de los defectos de nuestro pueblo: son gente desorganizada, son holgazanes, carecen de educación, les gusta vivir del welfare,[1] etc, etc. Y, en cierto modo, lo mismo ocurre en nuestras denominaciones, donde frecuentemente se da la impresión de que, si las iglesias hispanas son pequeñas y pobres, si no tienen todos los recursos con que cuentan otras iglesias, ello se debe a que nuestros pastores no trabajan, o a que no planeamos bien el trabajo, o a que no queremos estudiar, o a cualquiera otra de mil razones, menos la principal: que la mayor parte de las grandes denominaciones están organizadas de tal modo que la gente a quienes la sociedad margina quedarán también marginadas en la iglesia.

Luego, al leer este texto, me pregunto si Jesús no hubiera respondido a tales ideas con algo así como: «¿Creen ustedes que esos niños

---

1 El «welfare» es el dinero que el gobierno les da a los más pobres, para que puedan subsistir.

en Somalia que murieron de hambre eran peores pecadores que el resto de Somalia?» Y entonces hubiera traído la cuestión más cerca de casa preguntando: «¿O creen ustedes que ese policía que murió en el terremoto de Los Angeles era más pecador o más criminal que los otros policías de esa cuidad?» Cuando la cuestión se plantea de esa manera, resulta claro que lo que digamos sobre el sufrimiento de los que se encuentran en tierras lejanas o en situaciones ajenas a la nuestra debe ser lo mismo que digamos acerca de las tragedias que tienen lugar en nuestro propio patio, y aun de nuestros propios sufrimientos.

Si combinamos todo esto con lo que el resto de las Escrituras dice, resulta claro que al menos una buena parte del sufrimiento humano se debe, no a sus propias víctimas, sino a quienes parecen gozar de más bendiciones, o al menos son más fuertes. Así lo dice el profeta Ezequiel:

> ¿Os es poco que comáis los buenos pastos, sino que también holláis con vuestros pies lo que de vuestros pastos queda; y que bebiendo las aguas claras, enturbiáis además con vuestros pies las que quedan? Y mis ovejas comen lo hollado de vuestros pies, y beben lo que con vuestros pies habéis enturbiado.

Estas palabras son tomadas de Ezequiel 34, y les invito a que más tarde esta noche lean todo el pasaje, donde verán que ciertamente el sufrimiento humano es frecuentemente el resultado del pecado humano, pero no necesariamente del pecado de quienes sufren. Y, dicho sea de paso, también es necesario afirmar que, a pesar de lo que aprendimos en los cursos de economía en la escuela, no es cierto que la avaricia sea resultado de la escasez, sino más bien que la escasez es resultado de la avaricia.

Pero volvamos al texto del Evangelio. Jesús nos muestra que parte de nuestro error consiste en plantear la pregunta equivocada. Lo sorprendente no es que tantos mueran. Lo que es de veras sorprendente es que nosotros seguimos viviendo. Si fuera cuestión de pecado, todos deberíamos estar muertos. Por ello Jesús dice dos veces: «Antes si no os arrepentís, todos pereceréis igualmente.» Y luego pasa a ilustrar esto con una parábola.

Alguien tenía una higuera plantada en su viña, y cuando vino a buscar fruto en ella no lo encontró. Y le dijo al viñador: «He aquí hace tres años que vengo a buscar frutos en esta higuera, y no lo hay.»

Luego sigue una conversación cuyo resultado es que el dueño de la viña decide que le permitirá a la higuera continuar viviendo por un año más. Lo que es más, durante ese año la higuera recibirá cuidado especial. Pero si al terminar ese tiempo no ha producido fruto, será cortada.

¿Qué quiere decir entonces la parábola en este contexto? Ciertamente quiere decir que todos los que sobrevivimos, los galileos que no fueron muertos por Pilato, o los judíos sobre los cuales no cayó la torre, o aquellos de nosotros que no hemos muerto de hambre, o a quienes el terremoto no aplastó, seguimos viviendo únicamente por la gracia de Dios, y que nuestra vida continuada tiene el propósito de que llevemos fruto.

También quiere decir que nuestra aparente abundancia y bendición no son necesariamente algo de que debamos ufanarnos. La higuera que no produjo fruto recibe atención especial, no porque haya sido tan buena, sino porque no ha cumplido su cometido.

A fin de entender esta parábola, hay que recordar que en el tiempo en que uno normalmente iría por última vez en el año a buscar higos en una higuera, la viña ya habría dado su fruto. Tras la vendimia, los labradores podan las viñas, y no queda de ellas más que unos troncos secos y retorcido. En medio de esa aparente desolación, reverdece una higuera. Nadie la ha podado. Ha seguido creciendo cada vez más alta y más verde. Y ahora se le va a dar una tratamiento especial. El labrador cavará alrededor de ella y le proveerá más abono. A primera vista parece que la higuera ha recibido bendición especial, y las vides han sido maldecidas y olvidadas, y por tanto podría uno pensar que la higuera es particularmente valiosa, ya que se le trata con tanto cuidado. Pero la verdad es exactamente lo contrario. La higuera recibe especial cuidado porque todavía no ha dado el fruto que debió dar.

Dije al principio que este pasaje no me gustaba. Y ahora debo confesar la verdadera y última razón por la cual no me gusta. Yo quisiera pensar que la razón por la que tengo una casa cómoda, cuando tantas personas no tienen abrigo, y un ingreso abundante, cuando tantos son pobres, y todas clase de manjares para comer, cuando tantos pasan hambre, y un cuerpo saludable, cuando hay tantos enfermos, es que he sido particularmente fiel. Me gustaría pensar que la razón por la que ya he vivido más años que la persona promedio en esta tierra es porque mi vida ha sido tan productiva. Pero el texto me lleva a pensar de otra manera. ¿No será acaso que la razón por la cual se

me han dado todas esas ventajas es que sin ellas me sería muy difícil
dar fruto? ¿No será que todas estas cosas en las cuales me regocijo
no son sino ese estiércol extra que la mala higuera necesita, precisamente porque no da el fruto debido? Es una pregunta que debo
plantearme constantemente y que les invito a todos ustedes a plantearse conmigo.

Y lo que es cierto de nosotros como individuos y como familia es
también algo que la iglesia y las congregaciones individuales deben
plantearse. Nuestra tendencia es a admirar las iglesias grandes, con sus
altos campanarios, sus muchos empleados y su coro profesional. Es muy
fácil pensar que el hecho de que una iglesia tiene muchos recursos es
señal de que ha sido fiel. Pero esta parábola plantea la posibilidad de que
en realidad sea todo lo contrario. Hay entre nuestro pueblo muchas
iglesias pobrísimas, iglesias sin prestigio social, iglesias sin edificios,
donde se respira el Espíritu de Dios, y donde pueden gustarse los frutos
de la misericordia y la justicia. Por otra parte, al mirar a nuestras grandes
denominaciones, me pregunto si no será quizás que su abundancia de
recursos les ha sido dada para ver si aunque sea de ese modo pueden
al fin llevar fruto, como el estiércol que el labrador amontona junto a la
higuera verde y estéril. ¿No será que la razón por la cual esas denominaciones sobreviven no es su amplio presupuesto, ni su buena música,
ni sus magníficos sermones, ni sus hermosos edificios, ni su teología
sofisticada, sino la gracia milagrosa del dueño de la viña que ha decidido
darles una oportunidad más?

Y nosotros, ¿qué de nosotros? Empecemos por confesar que
quienes estamos aquí reunidos no somos pobres. No somos personas
sin influencia alguna. No somos personas sin educación. Tenemos
cierta pequeña medida de poder y de autoridad, tanto en esas grandes
denominaciones, higueras verdes con muchas hojas y poco fruto,
como en nuestras pobres iglesias de barrio, retorcidos troncos al
parecer secos, y que sin embargo año tras año, con pocos recursos,
con poco abono, con escasa atención, siguen dado frutos y producien-
do vino de alegría en medio de campos de desolación.

Ciertamente, una de nuestras tareas es asegurarnos de que esas
vides al parecer secas y retorcidas reciban al menos su justa
medida de agua y de abono. Pero me pregunto si mucho más que
eso no será también nuestra tarea llamar a nuestras denominaciones, a esas iglesias grandes y frondosas, a dar el fruto para el cual
Dios las ha creado, y para el cual les ha provisto de tan abundantes

recursos —o, lo que para el caso es casi lo mismo, de tan abundante estiércol.

Quizá esa sea parte de la misión de las vides cortadas y resecas: no solamente dar fruto ellas, sino servirle de recordatorio a la higuera frondosa de que es posible dar fruto, y de que si no se arrepiente, será cortada y perecerá.

Quizá esa sea la principal tarea de este Concilio: Cuando alguien venga y trate de culpar a nuestro pueblo por las condiciones de nuestros barrios y de nuestras iglesias, contestarles siguiendo el patrón de Jesús: «¿Piensan ustedes que esos latinos cuya iglesia mandaron cerrar por falta de fondos son más pecadores que los que asisten a las iglesias grandes y ricas? No; antes, si no os arrepentís, todos pereceréis igualmente.» Porque!

Tenía un hombre una higuera plantada en su viña, y vino a buscar fruto en ella, y no lo halló. Y dijo al viñador: «He aquí, hace tres años que vengo a buscar fruto en esta higuera, y no lo hallo; córtala; ¿para qué inutiliza también la tierra?» El entonces, respondiendo, le dijo: «Señor, déjala todavía este año, hasta que yo cave alrededor de ella, y la abone. Y si diere fruto, bien; y si no, la cortarás después.»

11

Levantemos nuestro monumento

Justo L. González

Sermón predicado en la Asamblea Constituyente del Consejo Nacional de Ministerios Hispanos. El tema que se le pidió al predicador era la necesidad de estudiar y conservar la historia de la iglesia hispana en los Estados Unidos. Por tanto, el símil del «monumento» se refiere a toda la discusión que tuvo lugar en torno a la historia como monumento.

TEXTO BÍBLICO

Cuando toda la gente acabó de pasar el Jordán, Jehová habló a Josué y le dijo: «Tomad del pueblo doce hombres, uno por cada tribu, y dasles esta orden: "Tomad de aquí, de en medio del Jordán, del lubar donde han puesto sus pies los sacerdotes, doce piedras, las cuales llevaréis con vosotros, y las depositaréis en el lugar donde habéis de pasar la noche".»

Entonces Josué llamó a los doce hombres que él había designado entre los hijos de Israel, uno por cada tribu. Y les dijo Josué: «Pasad ante el Arca de Jehová, vuestro Dios, hasta el medio del Jordán, y cada uno de vosotros tome una piedra sobre su hombro, conforme al número de las tribus de los hijos de Israel, para que esto quede como una señal entre vosotros. Y cuando vuestros hijos pregunten a sus padres mañana: "¿Qué significan estas piedras?", les responderéis: "Las aguas del Jordán fueron divididas delante del Arca del pacto de Jehová; cuando ella pasó el Jordán, las aguas del Jordán se dividieron, y estas piedars servirán de monumento conmemorativo a los hijos de Israel para siempre"».

Josué 4:1-7

Tras larga peregrinación en el desierto, el pueblo de Israel acaba de entrar a la Tierra Prometida. Cuarenta años de esperanza que por fin empieza a cumplirse. Cuarenta años en el desierto, en pos de la nube y la columna de fuego. Cuarenta años de maná y codornices, recordando los pepinos y las carnes de Egipto, soñando con la tierra que fluye leche y miel. Cuarenta años en que toda una generación pereció: Moisés, Miriam, Aarón, todos los testigos que aquel acto portentoso del poder de Dios cuando, según cantaría el salmista:

Reprendió el Mar Rojo y lo secó,
Y les hizo ir por el abismo como un desierto.
Los salvó de la mano del enemigo,
y los rescató de mano del adversario.
Cubrieron las aguas a sus enemigos;
no quedó ni uno de ellos.

(Sal. 106: 9-11)

¡Cuarenta largos años! ¡Cuántos días de marcha rutinaria! ¡Cuántas horas! ¡Cuántos pasos, uno tras otro, tras otro!

Y ahora, por fin, tras un milagro que les recuerda que el Señor del Mar Rojo es también Señor del Jordán, los hijos de Israel se encuentran por fin en la Tierra Prometida.

Son pueblo de Dios, llegados por fin a la tierra que Dios les ha prometido. ¿Qué es lo primero que harán? Si fuésemos nosotros, lo primero que haríamos sería posiblemente celebrar un culto. Si fuera algún otro grupo más secularizado, posiblemente tendrían una sesión de planificación estratégica. Pero este extraño pueblo de Dios no hace ni lo uno ni lo otro. Más adelante se reconsagrarán al circuncidar a todos los varones nacidos en el desierto. Más adelante también desarrollarán una estrategia para la conquista de la Tierra Prometida. Pero por lo pronto, acabado de pasar el Jordán, lo primero que hacen es levantar un monumento:

Y el pueblo subió del Jordán el día diez del mes primero, y acamparon en Gilgal, al lado oriental de Jericó. Y Josué erigió en Gilgal las doce piedras que habían traído del Jordán. Y habló a los hijos de Israel diciendo: «Cuando mañana preguntaren vuestros hijos a sus padres, y dijeren: "¿Qué significan estas piedras?" declararéis a vuestros hijos, diciendo: "Israel pasó en seco este Jordán".»

Levantar un monumento es memoria del pasado; pero es también promesa del futuro. Ciertamente, el paso del Mar Rojo fue mucho más portentoso que el cruce del Jordán. El último no es sino una repetición del primero, pero en menor escala. Y sin embargo, el pueblo de Israel no levanta monumento tras cruzar el Mar Rojo, y sí lo hace tras cruzar el Jordán. ¿Por qué? Porque tras el Mar Rojo lo que viene es el desierto, lugar de paso, lugar de transiciones, lugar de nómadas sin tierra ni raíces. Pero tras el Jordán lo que viene es la Tierra Prometida, lugar de permanencia, lugar de plantar viñas y echar raíces, lugar donde los hijos de Israel, y sus hijos e hijas, y los hijos e hijas de estos, han de morar. Es por tanto que Josué, al levantar el monumento, les dice a sus seguidores: «Cuando mañana preguntaren vuestros hijos a sus padres....» Es decir, que vuestros hijos han de vivir aquí; que en esta tierra hemos de echar raíces; que esto no es ya desierto de peregrinación, sino tierra de construcción. El monumento de Gilgal, al mismo tiempo que recuerda el pasado, promete un futuro: «Cuando *mañana* preguntaren vuestros hijos a sus padres.» El monumento no dice solamente, «aquí estamos,» sino que dice también «aquí estaremos».

Leyendo este pasaje se me ocurre pensar que cuando hablamos de hacer una historia de nuestro pueblo, estamos hablando de algo muy parecido a aquel monumento de Gilgal. Estamos levantando un monumento al pasado, sí. Pero también estamos levantando un monumento para el futuro. Estamos diciendo que aquí estamos para quedarnos. No estamos ya de paso, como Israel en el desierto. Estamos para quedarnos, como lo proclama Israel en Gilgal.

El texto continúa diciendo que cuando todos los reyes de los amorreos estaban al otro lado del Jordán al occidente, y todos los reyes de los cananeos que estaban cerca del mar, oyeron cómo Jehová había secado las aguas del Jordán delante de los hijos de Israel hasta que hubieron pasado, desfalleció su corazón, y no hubo más aliento en ellos delante de los hijos de Israel.

No sé si lo hubo. Pero si por alguna razón un espía de los habitantes de la tierra pudo ver lo que Josué hizo en Gilgal, y escuchar lo que dijo, esas acciones y esas palabras le causarían pavor: estas gentes no sólo han cruzado el río, sino que están aquí para quedarse. Han levantado un monumento para que sus hijos recuerden este día. Dan por sentado que sus hijos e hijas, y los hijos e hijas de ellos, estarán aquí.

De igual manera, cuando hoy algunos empezamos a hablar de dejar constancia de nuestra historia para nuestros hijos e hijas, y para sus hijas e hijos, estamos anunciando que estamos aquí para quedarnos. Quizá no todos pasamos el río sin mojarnos los pies—o las espaldas![1]—pero, llegados de un modo u otro, estamos aquí para quedarnos.

Me imagino a aquel presunto espía de Jericó corriendo de regreso a su ciudad. Nosotros somos muchos más grandes que ellos—tanto, que comparados con nosotros no parecen más que saltamontes. ¡Pero esta gente viene a quedarse! ¡Construyamos más alta la muralla! ¡Cerremos las puertas! ¡Llamemos al ejército!

O, si fuera hoy, me imagino el mismo pánico. ¡Cerremos la frontera! ¡Llamemos a la Migra! ¡Exijámosles papeles para trabajar! ¡Apliquémosles la 187! Esta gente viene a quedarse. Están hablando de escribir su historia. Están hablando de construir un monumento para sus hijos, y para los hijos de sus hijos.

* * *

Josué les ordena que tomen doce piedras, una por cada tribu. El monumento que han de erigir no es de una sola pieza, sino de muchas. Porque el pueblo que lo construye tampoco es de una sola pieza. Los eruditos bíblicos nos dicen que las tribus de Israel nunca fueron un todo homogéneo. Siempre hubo diferencias entre unas y otras. Aunque se entretejían entre sí, sus historias eran diferentes. Por eso el pueblo que cruza el Jordán no erige un monolito, a la usanza de Egipto, un monumento de una sola piedra, sino un monumento que señala a la vez la diversidad y la unidad del pueblo.

De igual manera hoy, la historia que celebramos, y el monumento simbólico que empezamos a levantar, no pueden ser de una sola pieza. Hemos llegado acá por distintos caminos. Unos cruzaron la frontera. A otros la frontera les pasó por encima. Unos cruzaron el río, otros el mar, otros el aire. Unos traen sangre azteca, otros taína, otros española, y otros lucumí. Unos nacieron en el Evangelio. Otros lle-

---

1 En los Estados Unidos, es frecuente llamar a los inmigrantes indocumentados «espaldas mojadas» («wetbacks»), en referencia peyorativa al cruce ilegal del Río Bravo.

garon por una conversión súbita. Otros tuvieron una experiencia menos repentina, pero no por eso menos profunda.

Y así, nuestro monumento tendrá muchas piedras. Y habrá una piedra mexicana, y otra salvadoreña, y otra dominicana, y otra presbiteriana, y otra bautista, y otra pentecostal. Piedras de todas formas y de todos tamaños. Pero piedras que, todas unidas, se alzan en un monumento, no a nuestra peregrinación ni a nuestra gloria, sino a la gloria del Dios que va delante del pueblo peregrino, en la nube y en la columna, abriendo camino en el mar y calzada en el desierto.

* * *

Al leer toda esta historia, nos sorprende leer que fueron doce las tribus que cruzaron el Jordán. Las tribus de Rubén y de Gad, y la media tribu de Manasés, ya se habían asentado en la Transjordania. Ya habían llegado a su tierra de promisión. No tenían por qué pasar el Jordán. Pero con todo y eso, ellas también, dejando la seguridad de sus tierras, cruzan el Jordán. Este punto lo destaca el texto bíblico, dejando bien claro que las tribus que cruzan no son solamente las que todavía no tienen tierras. Por eso en el v. 12, aunque no se dan los nombres de las otras tribus, sí se señalan estas en particular:

> También los hijos de Rubén y los hijos de Gad y la media tribu de Manasés pasaron armados delante de los hijos de Israel.

La tribu de Rubén, y la tribu de Gad, y la media tribu de Manasés, cruzan el Jordán, no por necesidad, sino por solidaridad. Aunque ya ellas tienen tierras, cruzan para unirse al esfuerzo del resto del pueblo. Y por eso en aquel monumento de Gilgal están también sus piedras. Y por eso en el texto bíblico se hace especial mención de ellas.

Y lo mismo será con nuestro monumento y con nuestra historia. No todos estamos en el mismo punto de nuestra peregrinación. Unos tienen prestigio, poder, dinero. Según los cánones del mundo, ya casi han llegado. Algunos tienen una profunda vida espiritual. Según los cánones de cierto tipo de religión, parecería que ya casi han llegado. (Algunos hasta nos reunimos en hoteles de lujo para hablar de la opresión de nuestro pueblo.)[2] Pero lo cierto es que entre nuestro

---

2 Se trata de una referencia al lugar donde tuvo lugar la reunión.

pueblo hay otros, muchos, la mayoría, que viven sin esperanza y sin Dios en el mundo. En este mundo y esta sociedad, esto no tiene nada de extraordinario. En el mundo y en la sociedad, cada cual vela por su propio bien, y a los demás, como dice el dicho, «el diablo que se los lleve.» O, como dice la vieja canción, «la de alante corre bien, la de atrás se quedará.»

Pero, nos dice Jesús, no así entre nosotros. Entre nosotros quien quiera ser primero se constituirá en siervo de los demás. Entre nosotros, el mayor no será quien más pueda, sino quien más sirva. Y así, cruzando el Jordán los que ya tienen tierras en Transjordania, solidarizándose los que tienen con los que no tienen, los que pueden con los que no pueden, surgirá un pueblo nuevo, una nación nueva.

Nuestro monumento ha de tener muchas piedras distintas para subrayar, no solamente nuestra diversidad, sino también nuestra solidaridad. Nuestro monumento ha de tener piedras distintas, porque hasta la piedra más pequeña, hasta el más ínfimo grano de arena, tienen valor infinito ante los ojos de Dios. Si a alguien excluimos, en parte nos excluimos a nosotros mismos; si a alguien olvidamos, en parte nos olvidamos de nosotros mismos. Porque somos un solo cuerpo, y cuando un miembro se goza, todos se gozan juntamente con él; y cuando un miembro subre, todos sufren juntamente con él.

* * *

Por último, una palabra de advertencia. Los monumentos son peligrosos. Son peligrosos por dos razones.

Son peligrosos, en primer lugar, porque bien pueden convertirse en instrumento de idolatría. Un monumento o una historia se vuelven instrumento de idolatría, cuando nos olvidamos de que el monumento o la historia están ahí, no para gloriarnos en nosotros mismos o nuestro pasado, sino para la gloria del Dios de nuestro pasado, de nuestro presente, y de nuestro futuro. La grandeza de Israel no está en que cruzó el Mar Rojo y el Jordán, ni tampoco en este monumento que erigió el Gilgal. La grandeza de Israel está en otro monumento, la Biblia, que se atreve a relatar que el pueblo a quien Dios rescató de Egipto con mano poderosa fue el mismo pueblo que se hizo un becerro de oro para adorarlo, el mismo pueblo que se quejó del maná diario, el mismo pueblo que una y otra vez se apartó de Dios, el pueblo que tembló de miedo ante los cananeos.

Si hay un peligro que nos acecha cuando empezamos a contar nuestra historia, a construir nuestro monumento, es precisamente este del triunfalismo idolátrico. Queremos construir un monumento que hable más de nosotros que de Dios, más de nuestras fuerzas que de nuestras flaquezas a las que Dios ha suplido por su gracia. Queremos escribir una historia de triunfos y logros. Y con ello, al tiempo que pretendemos escribir la historia de un pueblo de fe desvirtuamos la fe por la que vivimos.

Al construir nuestro monumento, al escribir nuestra historia, conviene por tanto imitar el modo en que la Epístola a los Hebreos cuenta la historia de las gentes de fe:

> Por la fe pasaron el Mar Rojo como por tierra seca; e intentando los egipcios hacer lo mismo, fueron ahogados. Por la fe cayeron los muros de Jericó después de rodearlos siete días. Por la fe Rahab la ramera no pereció juntamente con los desobedientes, habiendo recibido a los espías en paz. ¿Y qué más digo? Porque el tiempo me faltaría contando de Gedeón, de Barac, de Sansón, de Jefté, de David, así como de Samuel y los profetas; que por fe conquistaron reinos, hicieron justicia, alcanzaron promesas, taparon bocas de leones, apagaron fuegos impetuosos, evitaron filo de espada, sacaron fuerzas de debilidad, se hicieron fuertes en batallas, pusieron en fuga ejércitos extranjeros. Las mujeres recibieron sus muertos mediante al resurrección.
>
> (Hebreos 11:29-35a)

Hasta aquí, nos gusta la historia. Parece ir de triunfo en triunfo, de milagro en milagro, de logro en logro. Pero eso no es todo lo que dice la Epístola a los Hebreos. Al contrario, la Epístola continúa:

> Otros experimentaron vituperios y azotes, y a más de esto prisiones y cárceles. Fueron apedreados, aserrados, puestos a prueba, muertos a filo de espada; anduvieron de acá para allá cubiertos de pieles de ovejas y de cabras, pobres, angustiados, maltratados; de los cuales el mundo no era digno, errando por los desiertos, por los montes, por las cuevas y las cavernas de la tierra.
>
> (Hebreos 11:36-38)

Y lo que dice Hebreos es que tanto los unos como los otros, tanto los que conquistaron ejércitos extranjeros como los que anduvieron por los desiertos cubiertos de pieles de ovejas y de cabras, tanto los que taparon bocas de leones como los que fueron muertos a filo de espada, tanto los que triunfaron como los que al parecer fueron derrotados, tanto los unos como los otros hicieron todo esto por la fe.

El monumento que hemos de construir, la historia que hemos de escribir, no será solamente un monumento a nuestros triunfos y a nuestros logros, sino también a nuestros fracasos, a nuestras derrotas, y hasta a nuestras flaquezas —porque, como nos ensenó el Apóstol, la fuerza de Dios en nuestra flaqueza se fortalece.

* * *

Y los monumentos son peligrosos, en segundo lugar, porque tienden a confundir la esperanza con la realidad, lo hecho con lo que queda por hacer, el pasado que Dios nos dio con el futuro que Dios nos promete. Cuando un pueblo empieza a vivir exclusivamente de su pasado, ese pueblo empieza a perder su visión, y «por falta de visión los pueblos perecen.»

Ese es el gran peligro que nos acecha cuando, como ahora, hablamos de escribir nuestra historia, de construir nuestro monumento. Con demasiada frecuencia, escribimos nuestra historia para hacernos la ilusión de que ya hemos llegado, de que ya no somos peregrinos. Pero ese no es el propósito del monumento de Gilgal. Josué construye el monumento precisamente porque todavía queda mucha tierra por conquistar, porque el peregrinaje todavía no ha terminado, porque existe el peligro de que, ahora que el pueblo por fin se encuentra al otro lado del Jordán, empiecen a pensar que ya han llegado, que ya no necesitan de Dios como le necesitaron en el desierto. El monumento de Gilgal está allí para recordarles a los hijos e hijas de Israel, y a sus hijos e hijas, y a las hijas e hijos de estos, que Dios es un Dios de peregrinos, que va delante del pueblo hacia el mañana prometido; que aunque ya no haya nube o columna de fuego, todavía Dios marcha delante del pueblo, hacia el mañana de Shalom, de paz y justicia, de alegría y abundancia.

El monumento de Gilgal no dice solamente que Dios abrió el Mar Rojo y el Jordán. Si solamente de eso se tratara, no tendría más importancia que la de la curiosidad anticuaria. Lo que el monumento dice es que el Dios que abrió el Mar Rojo y el Jordán sigue marchando delante del pueblo, llamándole constantemente a nuevas aventuras de fe, a nuevas experienciasde su poder y de su gloria.

Y lo que nuestra historia, este monumento simbólico de que

hablamos esta noche, ha de decirnos a nosotros, y a nuestros hijos e hijas, y a las hijas e hijos de ellos, es que Dios marcha todavía delante de nosotros; que esta no es la Tierra Prometida del pueblo de Dios, que, como aquellos antepasados en la fe de que habla Hebreos, aunque hayamos llegado a esta tierra para quedarnos, y para hacerla tierra bendita de Dios, todavía andamos buscando una patria mejor.

Levantemos el monumento. Traigamos nuestras piedras. Contemos nuestra historia. Celebremos nuestros logros. Lloremos nuestras derrotas. Pero sobre todo, sigamos al Señor que fue delante de los hijos de Israel en la nube y en el fuego, que fue delante de nosotros en todas nuestras peregrinaciones, y que sigue delante de nosotros hasta el día glorioso en que, junto a blancos, negros, asiáticos, gente de todo pueblo, tribu y nación, con palmas en las manos, cantemos himnos eternos al Cordero que fue inmolado, y a Dios, que está sentado en el trono. Y cuando nuestros hijos nos pregunten, «¿Qué significan estas piedras?» les responderemos diciendo: «Que el Dios que abrió el Mar Rojo y el Río Jordán, el Dios que nos abrió el Río Grande y que se burla de las fronteras, es el mismo Dios que va todavía delante de nosotros, abriendo camino hacia el mañana, hacia su Reino prometido de paz y de justicia, de gozo y de amor.» Amén. Así sea.

12

Bibliografía sobre predicación hispanoamericana

Compilada por Pablo A. Jiménez

I. ARTÍCULOS Y ENSAYOS

1. Artículos en diccionarios teológicos

Aldazabal, José. «Predicación» en *Conceptos fundamentales de pastoral*, editado por Casiano Floristán y Juan José Tamayo. Madrid: Ediciones Cristiandad, 1983.

Arrastía, Cecilio. «Rembao, Alberto» en *Diccionario de Historia de la Iglesia* [DHI], editado por Wilton M. Nelson. Miami: Editorial Caribe, 1989, p. 902.

Bonilla, Plutarco A. «Arrastía, Cecilio» en *Diccionario ilustrado de intérpretes de la fe: Veinte siglos de pensamiento cristiano* [DIIF]. Terrassa (Barcelona): Editorial CLIE, 2004.

Canclini Varetto, Arnoldo. "Varetto, Juan Crisóstomo", *DHI*, p. 1051.

Costas, Orlando E. «Predicación evangélica en América Latina», *DHI*, p. 863.

Floristán, Casiano. «Homilía» en *Diccionario abreviado de pastoral* [DAP], editado por Casiano Floristán y Juan José Tamayo. Estella (Navarra): Editorial Verbo Divino, 1988, pp. 212-214.

Katar, John L. «Homiletics and Preaching in Latin America» en *Concise Encyclopedia of Preaching* [CEP], editado por William M. Willimon y Richard Lischer. Louisville: Westminster/John Knox Press, 1995, pp. 241-243.

Llopis, Joan. «Predicación», *DAP*, pp. 368-369.

McGrath Andino, Lester. «Jergal Llera, Ángel M», *DIIF*, pp. 328-329.

Ramos, Marco Antonio. «Arrastía Valdés, Cecilio, *DHI*, pp. 81-82
Roberts, W. Dayton. «Archilla Cabrera, Ángel», *DHI*, p. 69.
Traverzo Galarza, David. «Costas, Orlando», *DIIF*, pp. 137-138.

2. Artículos en revistas teológicas

Arrastía, Cecilio. «Predicadores y predicadores.» *Pastoralia* 4:9 (Diciembre 1982), pp. 40-43.
———. «Teología para predicadores.» *Pastoralia* 4:9 (Diciembre 1982), pp. 47-59.
———. «La iglesia: Comunidad hermenéutica.» *Pastoralia* 4:9 (Diciembre 1982), pp. 67-73.
Bonilla, Plutarco. «Cecilio Arrastía: El hombre, el escritor y el predicador.» *Pastoralia* 4:9 (Diciembre 1982), pp. 6-35.
Candelas, Gilberto. «Predicar ¿Qué significa?» *Puerto Rico Evangélico* 19:16 (18 de octubre de 1930), p. 9.
Casillas, Narciso. «El predicador: Su vida, su trabajo y su personalidad.» *Puerto Rico Evangélico* 19:8 (23 de agosto de 1930), p. 11.
Cortés, Benjamín. «Kerigma, mística, proposiciones.» *Xilotl* 18:9 (Diciembre 1996), pp. 51-58.
Demetrio, Yolanda; Cortés, Blanca; y Rocha, Violeta. «Haciendo la predicación con sentido de mujer: Metodologías, temas y desafíos de la predicación.» *Xilotl* 18:9 (Diciembre 1996), pp. 59-82.
Escobar Aguirre, Samuel. «La predicación evangélica y la realidad peruana.» *Boletín Teológico* 18 (Abril-Junio 1985), pp. 89-93.
Figueroa, Juan. «El valor del pensamiento en la predicación cristiana.» *El Educador Cristiano, Tercera época* (Febrero 1990), pp. 16-18.
Foulkes, Irene. «El costo del discipulado (Hechos 3-4).» *Xilotl* 18:9 (Diciembre 1996), pp. 129-134.
Gutiérrez, Rolando. «El socorro de Job (Salmo 121 y Job 7).» *Xilotl* 18:9 (Diciembre 1996), pp. 135-139.
Jiménez, Pablo A. «Apuntes bibliográficos para la predicación.» *El Educador Cristiano, Tercera época* (Febrero 1990), pp. 22-24.
———. «Aspectos bíblicos del sermón narrativo.» *El Evangelio* 54:3 (Julio-Septiembre 1999), pp. 12-13.
———. «Cómo diseñar sermones narrativos.» *El Evangelio* 54:2 (Abril-Junio 1999), pp. 12-13.

———. «Cómo planear nuestra predicación.» *Apuntes* 21:3 (Otoño 2001), pp. 98-108.

———. «Cómo preparar sermones bíblicos.» *El Evangelio* 53:4 (October-December 1998): 28-29.

———. «Cómo preparar un sermón con la Biblia de estudio.» *La Biblia en las Américas* 49:5, # 214, (Septiembre-Octubre 1994), pp. 11-12.

———. «¿Dónde nace un sermón?» *El Evangelio* 55:1 (Enero-Marzo 2000), pp. 12-13.

———. «El desafío de la mujer cananea.» *La Biblia en las Américas* 49:2, #211 (Marzo-Abril 1994), pp. 13-15.

———. «El modelo del líder.» *La Biblia en las Américas* 48:1, # 204 (Enero-Febrero 1993), pp. 9-11.

———. «El sermón de ocasión.» *El Evangelio* 54:4 (Octubre-Diciembre 1999), pp. 12-13.

———. «El sermón narrativo.» *El Evangelio* 54:1 (Enero-Marzo 1999), pp. 12-13.

———. «From text to Sermon with Phillipians 1.1-6: A Hispanic Reading.» *Apuntes* 17:2 (Verano 1997), pp. 35-40.

———. «Fuentes teológicas y sociales de la predicación cristiana.» *Misión Evangélica Hoy* 13 (2004): 7-17.

———. «Hermenéutica pastoral en el contexto de la predicación.» *Misión Evangélica Hoy* 13 (2004): 19-29.

———. «In Search of a Hispanic Model of Biblical Interpretation.» *Journal of Hispanic / Latino Theology* 3:2 (Noviembre 1995), pp. 44-64.

———. «Laborers of the vineyard (Matthew 20.1-16): A Hispanic Homiletic Reading.» *Journal for Preachers* 21:1 (Adviento 1997), pp. 35-40.

———. «The Laborers of the Vineyard (Matthew 20.1-16): A Hispanic Homiletic Reading.» *Academy of Homiletics,* Papers of the 32nd Annual Meeting, 1997.

———. «Los tres pasos.» *El Discípulo* 2:2 (Septiembre-Febrero 1994), pp. 215-217.

———. «¿Qué es la predicación bíblica?» *El Educador Cristiano, Tercera época* (Febrero 1990), pp. 4-7.

———. «Predicadores, profetas y sacerdotes.» *La Biblia en las Américas* 53 #236 (#4 1998), pp. 23-25.

———. «Predicación y Postmodernidad: Dos aportes a la discusión.» *Apuntes* 19:1 (Primavera 1999), pp. 3-7.

―――. «Teaching Hispanics Old Testament Interpretation: A Bibliographical Essay.» *Academy of Homiletics, Papers of the 33nd Annual Meeting*, 1998.

―――. «Teaching Homiletics to Hispanic Students: A Bibliographical Essay.» The *Academy of Homiletics, Papers of the 35th Meeting* (2000): 149-154.

Kidner, Derek. «Predicando el Antiguo Testamento.» *Aletheia* 9 (1/ 1996), pp. 21-34.

King, Dennis A. «Aporte de la hermenéutica bíblica de los grandes predicadores negros» *Ribla* 19 (1994), pp. 29-35.

Leskó, Béla. «La predicación como historia.» *Cuadernos de Teología* 2:3 (Marzo 1973), pp. 230-246.

Limardo, Miguel. «El buen uso de las ilustraciones.» *El Boletín del Seminario Evangélico de Puerto Rico* 22:1 (Enero-Marzo 1958), pp. 12-14.

Loubriel, Virginia. «La predicación y el ministerio educativo de la iglesia.» *El Educador Cristiano, Tercera época* (Febrero 1990), pp. 8-12.

Machado, Daisy. «El cántico de María.» *Journal for Preachers* 21:1 (Adviento 1997), pp. 12-15.

Mahler, Kenneth. «Escucha esta palabra: Así dice el Señor: La predicación profética en nuestros tiempos.» *Xilotl* 18:9 (Diciembre 1996), pp. 37-50.

Monri, Emilio N. «La comunicación creadora del Evangelio.» *Cuadernos de teología* 4:4 (1977), pp. 225-228.

Nahlis, Michèle. «Gozos y peligros de la predicación.» *Xilotl* 18:9 (Diciembre 1996), pp. 83-98.

Padilla, C. René. «El uso de la Biblia en el púlpito.» *Misión* 2:4 (Diciembre 1983), pp. 20-23.

Paiva, Alfredo. «La comunicación popular y la cuestión de la identidad de los sectores populares.» *Cuadernos de teología* 12:1 (1992), pp. 19-26.

Pixley, Jorge V. «El predicador como profeta de Dios ante su pueblo: El modelo de Jeremías.» *Xilotl* 18:9 (Diciembre 1996), pp. 17-36.

Rembao, Alberto. «La realidad protestante en la América hispánica.» *Cuadernos teológicos* 22 (1957), pp. 3-13.

Resto, Maritza. «El lugar de la predicación en el quehacer pastoral.» *El Educador Cristiano, Tercera época* (Febrero 1990), pp. 13-15.

Robleto, Adolfo. «He aquí, yo hago nuevas todas las cosas (Apocalipsis 21:5).» *Xilotl* 18:9 (Diciembre 1996), pp. 99-109.

Rosa, Moisés. «La predicación y la realidad puertorriqueña.» *El Educador Cristiano, Tercera época* (Febrero 1990), pp. 19-21.

Sánchez, Gildo. «El ministerio de la comunicación evangélica.» *El Boletín del Seminario Evangélico de Puerto Rico* 33:8 (Julio-Septiembre 1968), pp. 9-16.

Valenzuela, Dorothy B. de. «La comunicación del evangelio a personas de escasa educación.» *Cuadernos teológicos* 9:4 (Octubre-Diciembre 1960), pp. 266-280.

Valerio, Ivette. «La parábola del juez y la viuda (Lucas 18.1-9).» *Xilotl* 18:9 (Diciembre 1996), pp. 141-146

Valles, Carlos A. «Los desafíos de la comunicación a la educación teológica.» *Cuadernos de Teología* 12:1 (1992), pp. 7-17.

———. «Reflexión teológica sobre las comunicaciones.» *Cuadernos de teología* 4:3 (1976), pp. 172-174.

Van Seters, Arthur. «Una hermenéutica social hacia una revolución en la predicación.» *Vida y Pensamiento* 2:1 (Enero-Junio 1982), pp. 42-52.

Velásquez, Roger. «Una pastoral de nuestro tiempo.» *Xilotl* 18:9 (Diciembre 1996), pp. 111-128.

Vilanova, Evangelista. «El servicio de promover la fe.» Xilotl 18:9 (Diciembre 1996), pp. 9-15.

3. Ensayos en libros

Arrastía, Cecilio. «El predicador cristiano y la Biblia» en *La Biblia de Estudio Mundo Hispano*. El Paso, Texas: Editorial Mundo Hispano, 1977.

González, Justo L. «A Hispanic Perspective: By the Rivers of Babylon» en *Preaching Justice: Ethnic and Cultural Perspectives*, editado por Christine Marie Smith (Cleveland: United Church Press, 1998), pp. 80-97.

Jiménez, Pablo A. «Elusive Honor.» En *Shaken Foundations: Sermons from America's Pulpits after the Terriorist Attacks*. Editado por David P. Polk. St. Louis: Chalice Press, 2001, pp. 104-109.

———. «Estudio bíblico y hermenéutica: Implicaciones homiléticas.» En *Lumbrera a nuestro camino*. Editado por Pablo A. Jiménez. Miami: Editorial Caribe, 1994.

————. «Nuevos horizontes en la predicación.» En *Púlpito cristiano y justicia social*. Editado por Daniel R. Rodríguez and Rodolfo Espinosa. México: Publicaciones El Faro, 1994.

————. «Paul's Subversive Partnership.» En *Patterns of Preaching: A Sermon Sampler*, editado por Ronald J. Allen. St. Louis, MO: Chalice Press, 1998, pp. 100-103.

————. «The Bible: A Hispanic Perspective.» en *Teología de Conjunto: A Collaborative Protestant Theology*, editado por José D. Rodríguez y Loida I. Martell-Otero. Louisville: Westminster/John Knox Press, 1977, pp. 66-79.

Hollenweger, Walter. «Los pastores del proletariado: La teoría y la práctica de los predicadores pentecostales» en *El Pentecostalismo: Historia y doctrinas*. Buenos Aires: Editorial La Aurora, s/f, pp. 463-469.

II. Libros

1. Libros introductorios

Aguilar, Abel. *Homilética I: El arte de predicar*. Miami: Editorial Vida, 2000.

Arrastía, Cecilio. *Teoría y práctica de la predicación*. Miami: Caribe, 1978.

Broadus, John. *Tratado sobre la predicación*. El Paso: Casa Bautista de Publicaciones, 1925.

Costas, Orlando E. *Comunicación por medio de la predicación*. San José: Caribe, 1973.

Crane, James D. *El sermón eficaz*. El Paso: Casa Bautista de Publicaciones, 1961.

————. *Manual para predicadores laicos*. El Paso: Casa Bautista de Publicaciones, 1966.

Ham-Stanard, Carlos Emilio. *El trípode homilético: Una guía para predicadores laicos*. Quito: CLAI, 2000.

Hawkins, Tomás. *Homilética práctica*. El Paso: Editorial Mundo Hispano, 1978.

Jiménez, Pablo A. *Principios de predicación*. Nashville: Abingdon, 2003.

Lloyd-Jones, Martín. *La predicación y los predicadores*. España: Editorial Peregrino, 2003.

Mairena, Gonzalo, editor. *Homilética: Módulo y antología de estudios*. Managua: Facultad Evangélica de Estudios Teológicos, 1995.

Mawhinney, Bruce. *Predicando con frescura*. Grand Rapids, Michigan: Editorial Portavoz, 1998.

Mergal, Angel M. *El arte cristiano de la predicación*. El Paso, CUPSA, 1951.

Mottesi, Osvaldo. *Predicación y misión: Una perspectiva pastoral*. Miami: Logoi, 1989.

Rodríguez, Rafael A. *Homilética simplificada*. San Juan: Katallage, 1983.

Rostagno, Bruno. *La fe nace por el oír: Guía para la predicación*. Buenos Aires: La Aurora, 1989.

Silva, Kittim. *Manual práctico de homilética*. Miami: Editorial Unilit, 1995,

Vila, Samuel. *Homilética*. Terrassa (Barcelona): CLIE, 1978

Zenses, Christophe. *Siervo de la palabra: Manual de predicación*. Manual EDUCAB. Buenos Aires: ISEDET, 1997.

2. Teología de la predicación

Barth, Karl. *La proclamación del evangelio*. Salamanca: Sígueme, 1969.

Boff, Leonardo. *Teología desde el lugar del pobre*. Santander: Sal Terrae, 1986.

Costas, Orlando E. Editor. *Predicación evangélica y teología hispana*. Miami: Editorial Caribe / San Diego: Editorial Las Américas, 1982.

Grasso, Doménico. *Teología de la predicación*. Salamanca: Ediciones Sígueme, 1969.

Maldonado, Luis. *El menester de la predicación*. Salamanca: Sígueme, 1972.

Ratzinger, Joseph. *Palabra en la Iglesia*. Salamanca: Sígueme, 1976.

Walter, C. F. W. *Ley y evangelio*. Buenos Aires: Editorial Concordia, 1976.

3. Colecciones de ensayos

Arrastía, Cecilio (editado por Plutarco Bomilla). *La predicación, el predicador y la iglesia*. San José, CELEP, *1983*.

Castro, Emilio, editor. *Pastores del pueblo de Dios en América Latina*. Buenos Aires: La Aurora, 1973.

Carty, James W. Jr. & Marjorie T. Editores. *Comunicación y proclamación del evangelio hacia el siglo XXI*. México: CUPSA, 1984.

Rodríguez, Daniel y Espinosa, Rodolfo. Editores. *Púlpito cristiano y justicia social*. México: El Faro, 1994.

4. Colecciones de sermones

Arrastía, Cecilio. *A pesar de todo... Dios sigue siendo amor*. Miami: Editorial Caribe, 1994.

———. *Itinerario de la pasión: Meditaciones para la Semana Santa*. El Paso: Casa Bautista de Publicaciones, El Paso, 1978.

———. *Jesucristo, Señor del Pánico: Antología de Predicaciones*. Miami: UNILIT, 1985.

———. *Tentación y Misión: Reflexiones sobre la misión de la iglesia*. El Paso: Casa Bautista de Publicaciones, 1993

Barth, Karl. *Al servicio de la palabra*. Salamanca: Sígueme, 1985.

Cardona, José A. *Semana Mayor*. San Juan: Librería La Reforma, San Juan, 1977.

Castro, Emilio. *Las preguntas de Dios: La predicación evangélica en América Latina*. Buenos Aires: Ediciones Kairos, 2004.

Gutiérrez, Angel Luis. Editor. *Voces del púlpito hispano*. Valley Forge: Judson Press, 1989.

Pagán, Samuel. *Púlpito, teología y esperanza*. Miami: Caribe, 1988.

Ropero, Alfonso. *Lo mejor de Juan Crisóstomo*. Terrassa (Barcelona): CLIE, 2002.

Sandín, Pedro & Jiménez, Pablo A. *Palabras Duras*. Kitchener, Ontario: Pandora Press, 2001.

Von Rad, Gerhard. *Sermones*. Salamanca: Ediciones Sígueme, 1975.

5. Predicación bíblica

Blackwood, Andrew W. *La preparación de sermones bíblicos*. El Paso: Casa Bautista de Publicaciones, El Paso, 1953.

Freeman, Harold. *Nuevas alternativas en la predicación bíblica*. El Paso: Casa Bautista de Publicaciones, 1990.

Jiménez, Pablo A. Editor. *Lumbrera a nuestro camino*. Miami: Editorial Caribe, 1994.

Kempff, Gerardo; Bernt, Juan; & Huebner, Roberto. *Predicando a Cristo: Comentarios a las lecturas bíblicas para cada domingo*. St. Louis: Editorial Concordia, 2003.

MacCarthur, John Jr. Editor. *Predicación expositiva: Cómo balancear la ciencia y el arte de la exposición bíblica*. Nashville: Editorial Caribe, 1996.

Perry, Lloyd M. *Predicación bíblica para el mundo actual*. Miami: Vida, 1986.

Robindon, Haddon. *La predicación bíblica*. Facultad Latinoamericana de Estudios Teológicos (FLET). Miami: Logoi, 2000.

Santander Franco, José. *Introducción a la predicación bíblica*. Grand Rapids, MI: Libros Desafío, 1991.

Turnbull, Rodolfo G. Editor. *Diccionario de la teología práctica: Homilética*. Grand Rapids, MI: TELL, 1976.

6. Libros especializados

Aldazabal, José. *El arte de la homilía*. Barcelona: Centre de Pastoral Litúrgica, 1979. [Tema: La predicación en la Iglesia Católica Romana]

Broadus, John A. *Historia de la predicación: Discursos*. El Paso: Casa Bautista de Publicaciones, sin fecha. [Tema: Historia]

CELAM. La Homilía: *¿Qué es? ¿Cómo se prepara? ¿Cómo se presenta?* Bogotá: Departamento de Liturgia del CELAM, 1981. [Tema: La predicación en la Iglesia Católica Romana]

Comisión Episcopal de Liturgia. *Partir el pan de la palabra*. Madrid: Promoción Popular Cristiana, 1990. [Tema: La predicación en la Iglesia Católica Romana]

Costas, Orlando E. *Introducción a la comunicación*. San José: Sebila, 1976. [Tema: Comunicación]

Garvie, Alfredo Ernesto. *Historia de la predicación cristiana*. Terrassa (Barcelona): CLIE, 1987. [Tema: Historia]

Gálvez Alvarado, Rigoberto Manuel. *Teología de la comunicación*. Terrassa (Barcelona): CLIE, 2001. [Tema: Comunicación]

Heise, Ekkerhard. *Manual de Homilética Narrativa*. Terrassa (Barcelona): CLIE, 2005. [Tema: Predicación narrativa]

Howe, Reuel L. *El milagro del diálogo*. San José: Celadec, sin fecha. [Tema: Sermón dialogado/*Comunicación]*

Limardo, Miguel. *Ventanas abiertas*. Kansas City: Casa Nazarena, 1969. [Tema: Ilustraciones]

Mohana, João. *Cómo ser un buen predicador: Teoría y ejercicios para desarrollar elocuencia, voz, expresión corporal, estilo, memoria y contenidos*. Buenos Aires: Lumen, 1995. [Tema: Presentación del sermón]

Montoya, Alex. *Predicando con pasión*. Grand Rapids: Editorial Portavoz, 2003. [Tema: Presentación del sermón]

Ovando, Jorge. *El sentido profético del predicador*. Miami: Caribe, 1996. [Tema: Predicación profética]

Palau, Luis. *Predicación: Manos a la obra*. Miami: UNILIT, 1995. [Tema: Varios]

Spurgeon, Charles Haddon. *Discursos a mis estudiantes*. El Paso: Casa Bautista de Publicaciones, 1950. [Tema: Caracter y formación]

Stott, John. *El cuadro bíblico del predicador*. Terrassa (Barcelona): CLIE, 1975. [Tema: Teología bíblica]

———. *Imágenes del predicador en el Nuevo Testamento* (Edición revisada de «El Cuadro bíblico del predicador»). Buenos Aires: Nueva Creación, 1996. [Tema: Teología bíblica]

Vilá, Samuel. *Anécdotas*. Terrassa (Barcelona): CLIE, 1970. [Tema: Ilustraciones]

7. Libros en inglés

Davis, Kenneth G. & Presmanes, Jorge L. *Preaching and Culture in Latino Congregations*. Chicago: Liturgy training Publications, 2000.

Davis, Kenneth G. & Pérez, Leopoldo, editores. *Preaching the teaching: Hispanics, Homiletics and Catholic Social Justice Doctrine*. Scranton: Scranton University Press, 2005.

González, Justo L. & González, Catherine G. *Liberation Preaching: The Pulpit and the Oppressed*. Nashville: Abingdon Press, 1980.

Jiménez, Pablo A. *An Untimely Word: Reflections on Preaching in a Postmodern Time*. Austin: Episcopal Theological Seminary of the Southwest, 1998.